LUIS VABO JR

FALAR EM PÚBLICO
É PARA VOCÊ!

LUIS VABO JR

FALAR EM PÚBLICO É PARA VOCÊ!

Perca seu medo, desenvolva sua oratória e aprenda a ouvir melhor

2021

Para Carolinne, minha inspiração.

Para meus pais, meus exemplos.

Para meus alunos, meus professores.

AGRADECIMENTOS

Agradeço aos meus pais Solange e Luís Fernando, por serem meus exemplos de vida.

Agradeço à Carolinne, por me ajudar diariamente a ser uma pessoa melhor.

Agradeço ao Bernardinho, pelo prefácio e pela amizade.

Agradeço ao time Além da Facul, à Gabriela Levy e ao Fabio Humberg, pela preciosa colaboração na escrita e revisão deste livro.

SUMÁRIO

PREFÁCIO, por Bernardinho 8

INTRODUÇÃO 11
Jornadas compartilhadas 11
O que esperar 16

1. O MENTAL E O EMOCIONAL
AO FALAR EM PÚBLICO 18
Por que sentimos medo 18
Identificando as lacunas 21
Como gerar conexão 24

2. ESCUTATÓRIA 29
Crônica *Escutatória*, de Rubem Alves 29
Por que a escutatória é importante 35
As 3 regras de ouro da comunicação 38
Os 7 tipos de ouvintes 43
O 8º ouvinte: aquele que pratica
a escuta empática e a CNV 46
Empatia 49

3. TIPOS DE ORATÓRIA 56
Pitch [Zona da *expertise*] 57
Apresentação [Zona do compromisso] 60

Discurso [Zona do compromisso ou da *expertise*] 62

Improviso [Zona do imprevisto ou do descobrimento] 64

Argumentação [Todas as zonas] 71

4. FORMA NÃO VERBAL 75

Vestimenta e estética 76

Postura, gestos e expressões faciais 77

Olhar 85

5. FORMA VERBAL 87

Planejamento 89

Estruturação 90

Storytelling 95

Evitar maneirismos e vícios de linguagem 104

Recursos narrativos 107

6. PREPARAÇÃO 117

Apoio visual 124

Prepare-se para (quase) tudo 127

Checklist 137

7. SUA JORNADA 142

PREFÁCIO

Conheci "prof. Vabo", forma como me dirijo ao Vabo, em 2017, quando fui convidado a participar, como professor, do curso de Liderança Empreendedora que estava sendo criado na PUC-Rio no domínio adicional de Empreendedorismo.

Dividiria o curso com esse professor muito admirado por seus alunos, mas que eu não conhecia.

De certa forma, um alívio num primeiro momento, pois teria alguém experiente, embora bem jovem, no ambiente acadêmico, com um currículo invejável e, como sempre acreditei na força do time, ter um parceiro nessa nova empreitada seria perfeito.

Nos nossos primeiros encontros, para o planejamento das aulas me deparei com uma pessoa numa "MISSÃO": a de agregar conhecimento, provocar questionamento e crescimento naqueles jovens curiosos para quem daríamos aulas. Sua energia, seus valores, seu conhecimento técnico de tantos temas relevantes, mas principalmente sua preocupação com o lado emocional, humano, dos alunos, me cativaram.

Para mim, as duas horas que passávamos juntos às segundas-feiras foram uma enorme fonte de aprendizado, reflexões e autoconhecimento; saía das aulas com aquela sensação de... "como tenho que melhorar, quanto tenho que aprender ainda"...

Ao final do semestre, mais do que companheiros, havíamos nos tornado amigos e fazíamos planos para sociedade em projetos futuros, hoje em curso.

Seu livro *Falar em público é para você!* mergulha no tema da oratória, mas transcende e muito a simples boa prática de falar em público.

Trata de algo muito mais relevante: a comunicação. Abordando aspectos das relações humanas, das emoções, da empatia... Técnicas para lidar com o medo e a consequente insegurança de falar em público, exercícios que ajudam a transmitir a mensagem de forma clara, eficiente e, por que não, inspiradora.

Mas nos mostra também que, para que isso aconteça, precisamos desenvolver a escutatória, algo tão negligenciado, mas fundamental para que conheçamos e nos conectemos com nossos interlocutores. Observa ainda essa capacidade de ouvir sob o prisma da liderança.

Coloca a preparação como ponto central para as boas apresentações, e a prática do *feedback* permanente para o autodesenvolvimento.

Um livro repleto de excelentes referências bibliográficas e de sugestões de documentários e palestras sobre temas diversos, nas mais variadas nuances do processo de comunicação.

Uma leitura obrigatória para aqueles que acreditam que, para criarmos um impacto positivo no mundo, precisamos nos comunicar melhor, expor nossas ideias de forma clara e estruturada (oratória) e ouvir as pessoas, nossos interlocutores (escutatória), praticando a comunicação não violenta, dando e recebendo *feedbacks*, criando empatia e, assim, desenvolvendo um ambiente de confiança onde todos se sintam seguros e entendam que "Falar em público é para todos". Ou seja: Falar em público é para você!

Bernardinho

Bernardo Rezende é ex-jogador, treinador de voleibol, economista e empreendedor brasileiro. Multicampeão mundial e olímpico, é referência em gestão de equipes de alta performance e liderança.

INTRODUÇÃO

Jornadas compartilhadas

Em 2018, um de meus melhores amigos estava para se casar. Ele me chamou para irmos à praia e disse que tinha um convite para me fazer.

Estava na cara que ele ia me chamar para ser padrinho. E eu estava bem animado. Meu amigo de infância estava se casando! Além disso, ser padrinho é fácil: você dá o braço, entra no altar, fica lá paradinho. Só tem que garantir que o terno esteja bacana, claro. Também o cabelo – mas essa é uma preocupação a menos para mim. Fora isso, você no máximo faz um brinde curto aos noivos na hora da festa, mas nada muito complicado. Eu estava pronto para aceitar o convite.

— Queremos que você seja o celebrante do nosso casamento!

Peraí, celebrante? Isso muda tudo. Significa que eu teria de falar para várias pessoas que eu não conhecia e contribuir para que fosse um momento especial. De qualquer jeito, seria um momento marcante. Assumi a responsabilidade.

Curiosamente, na mesma época, minha então noiva, Carolinne, também foi chamada para celebrar um casamento: o de sua irmã.

Alguns meses depois, chegou o momento de começar a planejar o nosso próprio casamento. Nós queríamos leveza, tranquilidade e paz de espírito. Não queríamos ver ninguém de gravata, queríamos que todo mundo estivesse confortável. Precisava ter a nossa cara.

Se você me conhece, sabe que eu adoro uma planilha. E a nossa estava impecável. Local, *buffet*, banda... tudo estava decidido. Faltava preencher uma linha: a do celebrante.

Queríamos alguém que nos conhecesse de verdade. Mas falar em público não é algo que as pessoas adorem fazer. Não estava fácil encontrar alguém próximo, que topasse fazer do nosso jeito e que não só ficasse confortável de conduzir a cerimônia inteira, como pudesse dar um *show*.

Foi quando Carolinne sugeriu: "vamos celebrar nós mesmos?".

Sabíamos que seria algo diferente, inovador, talvez um pouco estranho. O maestro da banda disse que, em 40 anos de profissão, nunca havia visto acontecer — e nós adoramos a disrupção.

Guardamos segredo absoluto de todo mundo. Escrevemos 90% do texto juntos. Os outros 10%, nós deixamos para a surpresa dos votos individuais.

Eis que chega o grande dia: 13 de julho de 2019. Reunimos 120 convidados em um espaço no interior de São Paulo. Sou o primeiro a entrar com minha mãe. Desse momento até a entrada da noiva, algumas pessoas já tinham reparado que não havia ninguém lá na frente no altar.

Ela caminha até mim. Em vez de apenas darmos as mãos, pegamos os microfones. Em vez de nos encararmos, viramos de frente para família e amigos, ombro a ombro. "Boa tarde! Surpresa!".

Ao final, em vez de repetir o padre, recitamos sozinhos o consentimento tradicional durante a troca de alianças — e ainda adicionamos um toque pessoal:

— Eu, Carolinne, aceito Vabo… na alegria e na tristeza… e prometo ler todos os seus textos enviados pelo Whatsapp, acompanhar o blogdovabo...

— Eu, Vabo, aceito Carolinne… na saúde e na doença… e prometo te ajudar a achar todas as chaves, celulares, óculos e demais objetos que você perder…

— Nós nos declaramos marido e mulher – dissemos juntos.

— E agora vou beijar a minha esposa – terminei.

Apesar de ter sido um dos momentos mais emocionantes da minha vida, não fiquei nervoso. Deu frio na barriga, claro. Será que vamos travar? Será que vamos ficar com a voz tão embargada que ninguém vai entender nada? Será que as pessoas vão pensar que tomamos essa decisão porque gostamos de aparecer?

Mas deixamos de lado os pensamentos autossabotadores e demos o nosso melhor, como procuramos fazer em tudo na vida. Foi fantástico!

Essa foi a prova de que as últimas duas décadas me apresentando em público valeram a pena. Caiu a ficha de que, se eu fiquei tranquilo para falar por tanto tempo no meu próprio casamento, em que o nível de emoção é altíssimo e tanta coisa está em jogo, a oratória finalmente tinha virado algo natural para mim.

O Vabo de 10 anos de idade talvez não acreditasse que fosse possível. Ele tinha uma vontade indomável de liderar e de contribuir para o coletivo, mas pavor de estar sob os holofotes.

Eu sempre soube que a oratória era um instrumento fundamental da liderança. Afinal, suas ideias podem ser incríveis, mas, se você não souber comunicá-las, elas não atingirão seu potencial máximo. E para que tomem vida, frequentemente elas dependem de que muito mais pessoas acreditem nelas.

Ser líder é trazer as pessoas para embarcar em uma jornada compartilhada, e elas só poderão seguir um objetivo comum se tiverem clareza de qual objetivo é esse.

Porém, quando pessoas abordam liderança e a habilidade de falar, elas costumam se esquecer de que, tão importante quanto isso, é a habilidade de ouvir. É a escutatória que permite formar conexões, criar e nutrir relacionamentos.

Não à toa, a mãe de todas as crises que temos hoje – econômica, política, sanitária, moral… – é a crise de liderança. Nossos líderes atuais não ouvem, logo não lideram como deveriam.

Oratória e escutatória precisam andar juntas.

Confesso: demorou um pouco até que eu ganhasse consciência disso. Na verdade, acredito que essa seja uma competência que devemos exercitar pelo resto da vida. Continuo aprendendo. Afinal, o momento perigoso em que começamos a achar que sabemos tudo pode ser o começo do fim.

Toda jornada é de aprendizado e a intenção deste livro é compartilhar alguns dos meus. Até porque, apesar de ser uma pessoa extrovertida, não sou um orador nato.

Fui representante de turma pela primeira vez quando estava na 5ª série. Eu me lembro de ter que passar recados para a classe e ter crises de suadeira e tremor.

Ficava inconformado com minha dificuldade de falar em público. Era frustrante não conseguir transmitir o que eu queria e, mesmo nessa época tendo feito um curso de oratória que me ajudou muito, aceitei que precisava me expor mais para ganhar experiência.

Acabei virando presidente do grêmio na escola. Na faculdade, entrei na empresa júnior. Participei das eleições para ser eleito diretor e, mais tarde, presidente. Eu tinha que passar nas salas de aula, fazer reuniões com o reitor. Foi o período em que eu mais errei, mas também aquele em que mais aprendi.

Mais tarde, cheguei a fazer outro curso, que me deu mais base técnica, porém minha conclusão foi que a melhor maneira de falar melhor era, de fato, falando.

O que esperar

No momento em que este livro está sendo lançado, contando minha atuação como empreendedor, aulas como professor, palestras, *pitches* e reuniões, eu já passei de 5.000 alunos e das 10 mil horas de prática – aquele número mágico que já disseram ser o marco da maestria (e depois disseram que não é mais). Ainda assim, uso cada oportunidade de me apresentar para descobrir onde posso melhorar.

Compartilho isso porque nada do que você vai ler aqui é uma confirmação absoluta do que está certo ou errado.

Para celebrar meu casamento, eu comecei a me preparar com muitos meses de antecedência. A Carolinne começou perto da data. Eu sou mais sistemático. Ela é mais espontânea.

Tenho certeza de que, se eu tivesse escrito em cima da hora, teria me atrapalhado. Imagino que, se ela tivesse maturado demais o texto, não teria sido tão sincero e fluido quanto foi.

Adapte tudo que encontrar para sua própria realidade, seu perfil e sua necessidade.

E não pense que ler este livro vai ser o suficiente para dominar a oratória e a escutatória: você vai ter que se expor em público também.

A boa notícia é que os próximos capítulos reúnem vários exercícios e referências para você aperfeiçoar suas habilidades antes de se aventurar.

Este livro é para você que quer:

- Ser sua versão mais autêntica em um palco, reunião ou entrevista.

- Transformar nervosismo em energia para demonstrar confiança.

- Entender e dialogar melhor com sua plateia – seja ela de uma ou mil pessoas.

- Absorver boas práticas da comunicação não verbal.

- Conhecer e ressignificar seus próprios sentimentos e reações.

- Aplicar estruturas lógicas e técnicas narrativas nas suas apresentações.

- Preparar-se para qualquer situação.

Vamos juntos?

1. O MENTAL E O EMOCIONAL AO FALAR EM PÚBLICO

Por que sentimos medo

Você já deve ter ouvido falar de pesquisas que dizem que o medo de falar em público é maior que o da morte. Pois é, há várias delas. Dependendo da data do estudo, do grupo de amostra e sua geografia, chega a 40,6%[1] a porcentagem de pessoas que preferem abotoar o paletó de madeira a subir num palco.

Se alguém desse a você a opção de se apresentar para 50 pessoas ou falecer imediatamente, sinceramente, acho muito improvável que você escolhesse o segundo. Mesmo que você tenha glossofobia – o termo técnico para esse pavor em sua forma mais extrema – e medo nenhum da morte, ela não parece uma escolha tão atraente.

Mas o ponto é que o terror toma a maioria da população quando o assunto é falar em público. E essa realidade é tão aceita que pesquisas sobre estresse são capazes de pedir que seus participantes façam um discurso apenas para induzir ansiedade de propósito.

---

1. DWYER, Karen Kangas & DAVIDSON, Marlina M. (2012): Is Public Speaking Really More Feared Than Death?, *Communication Research Reports*, 29:2, 99-107. Disponível em: https://www.researchgate.net/publication/271993200_Is_Public_Speaking_Really_More_Feared_Than_Death. Acesso em: 06 dez. 2020.

Esse nervosismo é compreensível. Há muitas variáveis no ato de falar em público e, sim, várias coisas que podem dar errado. A maior parte dos efeitos, físicos ou mentais, do suor na palma das mãos a tropeçar nas palavras, decorre do receio de ser julgado.

Mas do que temos medo, exatamente? Qual é o pior que pode acontecer? As decorrências de uma apresentação ruim de fato nos prejudicariam de forma irreversível? Por quanto tempo?

A resposta para esse medo pode estar na nossa evolução como animais sociais.

Algumas centenas de milhares de anos atrás, nossos ancestrais eram presas fáceis para alguns predadores maiores. Dito isso, um mecanismo de defesa comum entre as primeiras espécies de humanos, como ocorre ainda hoje entre primatas, é o agrupamento. Isto é, em bando, fica mais fácil alertar uns aos outros e lutar contra perigos iminentes.

É bem provável que essas vantagens nos tenham mantido em sociedade mesmo enquanto evoluíamos. Humanos nunca foram os mais fortes, rápidos ou ferozes. Nós só continuamos por aqui por causa da nossa inteligência e capacidade de colaboração. Se um antepassado nosso não tinha a habilidade de conviver com outros, sua sobrevivência estava ameaçada.

Funciona assim para qualquer animal que geralmente se organiza em grupo e se vê excluído. O ostracismo o deixa mais vulnerável, sem proteção e incapaz de obter comida suficiente

– quer a gente esteja falando de uma formiga, um chimpanzé, ou um humano ancestral.

Ou seja, tempos atrás, era realmente questão de vida ou morte. Ninguém precisava decidir se seu maior medo era estar isoladamente no centro das atenções ou morrer, porque as duas opções eram, essencialmente, a mesma coisa.

Como qualquer tipo de separação era uma sentença, é possível que a gente tenha herdado e refletido esse medo nos palcos. Poucas situações normais nos separam tanto do resto das pessoas quanto essa. No fundo, sentimos medo de sermos rejeitados. Não só de passar vergonha, ou de sermos criticados, mas de sermos realmente excluídos.

Agora, se você pensa nessa possibilidade de exclusão racionalmente, quais são as chances de ela realmente se concretizar? Quem você conhece que já falou "não, não convida essa pessoa para almoçar, você viu como ela deu branco naquela apresentação"?

Nossa resposta à situação de falar em público é completamente emocional. E, sim, às vezes é mais forte do que nós, mas podemos usar essas informações para contornar algumas armadilhas e desenvolver certas habilidades que nos tragam mais a consciência e gestão desses sentimentos. Repare que eu não usei a palavra "controle", pois, ainda que isto seja funcional até certo ponto, não é a melhor forma de abordarmos e logo vamos ver o porquê.

Por exemplo: quando entramos em um estado de ansiedade, fica maior nossa capacidade de nos concentrarmos em expressões faciais negativas. Um estudo de 2009[2] avaliou como os cérebros dos participantes reagiam a imagens de pessoas felizes, com raiva ou neutras.

Parte do grupo foi avisado de que precisaria fazer um discurso logo após aquela interação. Isso não só os deixou mais ansiosos, como também bastante mais sensíveis aos rostos raivosos, neurologicamente, em comparação com a parte do grupo que não tinha qualquer preocupação sobre ter que falar em público em seguida.

Ou seja, quando já começamos nervosos, não importa quantas pessoas na plateia estejam sorrindo, concordando, ou simplesmente escutando atentamente. Sempre vamos focar em quem parece entediado ou irritado – e isso nos deixa mais nervosos. É um ciclo vicioso.

Então, como evitar essa ansiedade inicial e sabotadora?

Identificando as lacunas

Primeiro, precisamos entender o que está só na nossa cabeça e o que a plateia realmente percebe. Você pode estar uma

---

2. WIESER, Matthias J.; PAULI, Paul; REICHERTS, Philipp; MÜHLBERGER, Andreas (2010). *Don't look at me in anger!* Enhanced processing of angry faces in anticipation of public speaking. Disponível em: https://onlinelibrary.wiley.com/doi/abs/10.1111/j.1469-8986.2009.00938.x. Acesso em: 06 dez. 2020.

pilha de nervos por dentro e, ainda assim, passar calma e confiança.

Acontece que nervosismo e entusiasmo são duas emoções de uma mesma família. Ambas liberam cargas de adrenalina – só que uma trava, enquanto a outra impulsiona. Cabe a você canalizar essa energia.

Você vai encontrar vários exercícios que podem ajudar nessa missão nos próximos capítulos, mas eles não funcionam se não compreendermos antes o que acontece dentro de nós e como exatamente nossas emoções se manifestam durante uma apresentação.

O primeiro passo para atacar o desafio, portanto, é trabalhar o autoconhecimento.

Entender seus pontos fortes e fracos é essencial para seu desenvolvimento. Afinal, como melhorar sem saber o que melhorar? Autoconhecimento é o que vai permitir a você exercitar habilidades que faltam e atingir a maestria nas que você já tem, além de identificar padrões de pensamentos que possam te prejudicar ou te fortalecer. Compreender melhor seus próprios sentimentos também ajuda a identificar melhor os dos outros, o que cria conexões mais potentes com o público.

Você pode fazer isso de diversas maneiras, e como não é possível superar medo sem encará-lo, todas elas vão gerar desconforto em algum grau. Uma das mais eficientes, sem dúvida, é pedir *feedback*.

O *feedback* é algo que há anos venho incorporando em todos os aspectos da minha vida e, mais recentemente, como professor. Minhas aulas passaram a funcionar como uma corrida de Uber: ao final de cada uma, peço para os alunos marcarem quantas estrelinhas ela merece ou até deixar comentários. "Essas duas horas foram úteis? Você aprendeu alguma coisa? Saiu inspirado? Tem algo que você não entendeu? Como posso melhorar como professor?".

Em vez de esperar até o final do semestre para fazer uma avaliação formal e ter só dois ciclos de revisão por ano, eu prefiro ter ciclos de melhoria contínua. Se eu não souber em que estou deixando a desejar, não tenho como ser o melhor professor que posso ser. E preciso que tudo que eu faço seja relevante para quem estou servindo. Por conta dessas avaliações, consigo colher pontos de melhoria já para a aula seguinte.

Reúna o máximo de informação que você puder. Pratique de frente para o espelho, grave seus exercícios, apresente-se para pessoas em quem você confie e peça opiniões sinceras.

Não pergunte apenas "como foi?", seja específico. Tenha um ponto de partida, reflita sobre o que te deixa inseguro. "O que você lembra mais sobre o que acabei de falar? Teve alguma coisa que te distraiu? Uma vez me disseram que eu parecia acanhado, você acha que eu deveria usar mais as mãos, ou mudar minha postura?".

Só se auto-observando e escutando quem assiste você poderá aprender e fazer ajustes.

Como gerar conexão

É claro que nem todas as conclusões que você vai tirar das suas autorreflexões e seus *feedbacks* vão ser agradáveis. Esse é outro exercício importante: o da vulnerabilidade. E como ela é potente!

No famoso TED Talk *O Poder da Vulnerabilidade*[3], Brené Brown mostra como a vulnerabilidade não é um sinal de fraqueza, mas, sim, de coragem – a coragem de ser imperfeito (o que acabou virando título de um de seus livros).

É a vulnerabilidade que possibilita que a gente estabeleça conexões reais, portanto você também vai precisar dela no palco. Inclusive, a plateia não espera (e nem digere tão bem) uma imagem de perfeição. Ela espera encontrar um ser humano de verdade, e os maiores sinais de autenticidade aparecem quando nos desapegamos de tentar ser algo que não somos.

Lembra-se de que eu falei há pouco sobre estar no controle, e como ele só é funcional até certo ponto? Nesse aspecto, ele não serve tanto. Por isso, é tão importante saber bem quem você é e estar em paz com isso. Não há como assumir uma personagem e passar sua mensagem com a mesma força.

Pense em alguma pessoa famosa e carismática. Por que você e outras pessoas se identificam com ela? Eu apostaria

---

3. *The Power of Vulnerability.* "10 ways to have a better conversation", TED Talk Brené Brown, 2010. Disponível em: https://www.ted.com/talks/brene_brown_the_power_of_vulnerability. Acesso em: 06 dez. 2020.

que ela deixa transparecer pelo menos alguns trejeitos imperfeitos, que fazem dela mais humana.

É possível inclusive que essa pessoa seja acanhada, e uma das coisas que a tornam "gente como a gente" seja o medo de julgamento social ou a introversão. Isso é não só possível, como provável — entre um terço e metade da população se considera introvertida.

Introvertidos costumam reagir a estímulos externos de forma mais contemplativa do que responsiva. Para eles, é mais comum que situações sociais, especialmente em grandes grupos, drenem sua energia em vez de contribuírem para ela.

Já a timidez está mais relacionada a estresse ou angústia gerados por interações sociais de qualquer tipo, mesmo que em pequenos grupos. Isto é, enquanto a introversão pode levar a um eventual isolamento por preferência, para "recarregar a bateria", a timidez tende a provocar um isolamento pela ansiedade ou sentimentos similares.

Isso significa que os mais introvertidos e tímidos não são oradores tão bons quanto os mais extrovertidos e expansivos?

Não. E esse é um mito que Susan Cain pretende derrubar. Em seu livro *O Poder dos Quietos*[4] ela afirma que, apesar de escolas e empresas terem seus ambientes desenhados para favorecer os extrovertidos, os melhores alunos e líderes costumam ser o oposto.

---

4. CAIN, Susan. *O poder dos quietos: como os tímidos e introvertidos podem mudar um mundo que não para de falar.* Rio de Janeiro: Sextante, 2019.

Ainda que, segundo Carl Jung[5], ninguém seja exclusivamente um ou outro, alguns dos oradores mais notáveis são majoritariamente introvertidos. A lista vai de Mahatma Gandhi a Bill Gates. Warren Buffett, por exemplo, antes de tomar gosto por falar em público, contou que, quando adolescente, chegou a vomitar antes de subir no palco da escola para fazer um discurso, de tão nervoso que estava.

Se você se identifica com introversão ou timidez, não deixe ninguém convencer você de que não é possível dominar a oratória. Tudo pode ser trabalhado, o que não vale é perder oportunidades por isso. E existem muito mais introvertidos bem-sucedidos na nossa lista: J.K. Rowling, Mark Zuckerberg, Marissa Mayer, Michael Jordan... Até Meryl Streep, atriz recordista de indicações ao Oscar, e David Letterman, que passou 33 anos como um dos entrevistadores mais célebres da televisão mundial.

Há muitas vantagens. Por exemplo, uma característica comum entre os "quietos" é justamente o costume de se voltar para dentro e de estar sozinho com os próprios pensamentos – o que nos leva de volta à questão do autoconhecimento.

Outra característica é a habilidade de escuta, essencial para se expressar melhor. Tanto que ganhou seu próprio capítulo. É sobre ela que falaremos a seguir.

Exercício: diário da inteligência emocional

Uma tática essencial para nos conhecermos melhor é identi-

---

5. JUNG C.G. *Tipos Psicológicos*. Petrópolis: Editora Vozes, 1991.

ficarmos padrões. E para os observarmos, precisamos registrar o que acontece e como esses acontecimentos nos fazem sentir.

Se você já tem o hábito de refletir sobre seu dia em um diário, excelente – pode incorporar algumas das dicas abaixo. Se não, eu recomendo o seguinte:

À noite, pegue um caderno e separe cada página em duas colunas. A da esquerda é para as emoções. A da direita é para o contexto por trás delas.

Tente listar suas emoções por hora, ou pelo menos por momentos do dia (manhã, almoço, início da tarde, tarde, pôr do sol, noite...). Seja o mais específico possível: evite feliz/triste. Em vez disso, use expressões como decepcionado, corajoso, grato, rejeitado, acolhido, frustrado. Uma vez listadas, comece a compará-las e analisá-las:

- Qual a proporção de sentimentos positivos X negativos?

- Quais emoções são mais predominantes?

- Que tipos de acontecimentos são gatilhos?

- Que outros fatores contribuem para determinadas reações?

- O que é causa e o que é consequência? (exemplo: tive uma reunião ruim com amigos porque estava inseguro ou fiquei inseguro porque tive uma reunião ruim com amigos?)

Quanto mais tempo você conseguir manter esse exercício, melhor vai conseguir identificar padrões e entender de onde vêm suas próprias emoções. Com isso, conseguirá regular gatilhos, minimizar os fatores negativos, ou descobrir melhores formas de lidar com elas. E, claro, de melhorar sua oratória!

Para lembrar:

- Pode ser que tenhamos herdado o medo de falar em público porque nossos ancestrais eram presas fáceis, mas estar isolado do bando não representa mais nenhum risco real.

- O autoconhecimento é ferramenta essencial para superar emoções sabotadoras como o nervosismo.

- Vulnerabilidade costuma ser bem aceita por plateias e é um ato de coragem.

- Peça *feedbacks* específicos e sem demora para criar ciclos de melhoria contínua.

- Faça o diário da inteligência emocional.

2. ESCUTATÓRIA

Gosto de dizer que antes da oratória vem a *escutatória*. Quem cunhou o termo foi o escritor Rubem Alves. Portanto, antes de começar a usar minhas palavras, me vejo impelido, inclusive por admiração, a reproduzir as dele, publicadas na crônica "Escutatória"[6]:

ESCUTATÓRIA

Rubem Alves

> "Não basta o silêncio de fora. É preciso silêncio dentro. Ausência de pensamentos. E aí, quando se faz o silêncio dentro, a gente começa a ouvir coisas que não ouvia."

Sempre vejo anunciados cursos de oratória. Nunca vi anunciado curso de escutatória. Todo mundo quer aprender a falar. Ninguém quer aprender a ouvir. Pensei em oferecer um curso de escutatória. Mas acho que ninguém vai se matricular.

Escutar é complicado e sutil. Diz o Alberto Caeiro que "não é bastante não ser cego para

---

6. Crônica publicada originalmente no livro *O amor que acende a lua*, de Rubem Alves, lançado em 1999 pela Editora Papirus. Reprodução autorizada pelo Instituto Rubem Alves.

ver as árvores e as flores. É preciso também não ter filosofia nenhuma". Filosofia é um monte de ideias, dentro da cabeça, sobre como são as coisas. Aí a gente que não é cego abre os olhos. Diante de nós, fora da cabeça, nos campos e matas, estão as árvores e as flores. Ver é colocar dentro da cabeça aquilo que existe fora. O cego não vê porque as janelas dele estão fechadas. O que está fora não consegue entrar. A gente não é cego. As árvores e as flores entram. Mas – coitadinhas delas – entram e caem num mar de ideias. São misturadas nas palavras da filosofia que mora em nós. Perdem a sua simplicidade de existir. Ficam outras coisas. Então, o que vemos não são as árvores e as flores. Para se ver é preciso que a cabeça esteja vazia.

Faz muito tempo, nunca me esqueci.

Eu ia de ônibus. Atrás, duas mulheres conversavam. Uma delas contava para a amiga os seus sofrimentos. (Contou-me uma amiga, nordestina, que o jogo que as mulheres do Nordeste gostam de fazer quando conversam umas com as outras é comparar sofrimentos. Quanto maior o sofrimento, mais bonitas são a mulher e a sua vida. Conversar é a arte de produzir-se literariamente como mulher de sofrimentos. Acho que foi lá que a ópera foi inventada. A alma é uma literatura. É nisso que se baseia a psicanálise...) Voltando ao ônibus. Falavam de sofrimentos.

Uma delas contava do marido hospitalizado, dos médicos, dos exames complicados, das injeções na veia – a enfermeira nunca acertava –, dos vômitos e das urinas. Era um relato comovente de dor. Até que o relato chegou ao fim, esperando, evidentemente, o aplauso, a admiração, uma palavra de acolhimento na alma da outra que, supostamente, ouvia. Mas o que a sofredora ouviu foi o seguinte: "Mas isso não é nada..." A segunda iniciou, então, uma história de sofrimentos incomparavelmente mais terríveis e dignos de uma ópera que os sofrimentos da primeira.

Parafraseio o Alberto Caeiro: "Não é bastante ter ouvidos para se ouvir o que é dito. É preciso também que haja silêncio dentro da alma". Daí a dificuldade: a gente não aguenta ouvir o que o outro diz sem logo dar um palpite melhor, sem misturar o que ele diz com aquilo que a gente tem a dizer. Como se aquilo que ele diz não fosse digno de descansada consideração e precisasse ser complementado por aquilo que a gente tem a dizer, que é muito melhor. No fundo somos todos iguais às duas mulheres do ônibus. Certo estava Lichtenberg – citado por Murilo Mendes: "Há quem não ouça até que lhe cortem as orelhas". Nossa incapacidade de ouvir é a manifestação mais constante e sutil da nossa arrogância e vaidade: no fundo, somos os mais bonitos...

Tenho um velho amigo, Jovelino, que se mudou para os Estados Unidos, estimulado pela revolução de 64. Pastor protestante (não "evangélico"), foi trabalhar num programa educacional da Igreja Presbiteriana USA, voltado para minorias. Contou-me de sua experiência com os índios. As reuniões são estranhas. Reunidos os participantes, ninguém fala. Há um longo, longo silêncio. (Os pianistas, antes de iniciar o concerto, diante do piano, ficam assentados em silêncio, como se estivessem orando. Não rezando. Reza é falatório para não ouvir. Orando. Abrindo vazios de silêncio. Expulsando todas as ideias estranhas. Também para se tocar piano é preciso não ter filosofia nenhuma). Todos em silêncio, à espera do pensamento essencial. Aí, de repente, alguém fala. Curto. Todos ouvem. Terminada a fala, novo silêncio. Falar logo em seguida seria um grande desrespeito. Pois o outro falou os seus pensamentos, pensamentos que julgava essenciais. Sendo dele, os pensamentos não são meus. São-me estranhos. Comida que é preciso digerir. Digerir leva tempo. É preciso tempo para entender o que o outro falou. Se falo logo a seguir são duas as possibilidades. Primeira: "Fiquei em silêncio só por delicadeza. Na verdade, não ouvi o que você falou. Enquanto você falava eu pensava nas coisas que eu iria falar quando você terminasse sua (tola) fala. Falo como se você não tivesse falado". Segunda: "Ouvi o que você falou. Mas isso que você falou como novidade eu já pensei há muito tempo. É coisa velha para mim. Tanto que nem preciso pensar sobre o que você falou". Em ambos os casos estou chamando o outro de tolo. O que é pior que uma bofetada. O longo silêncio quer dizer: "Estou ponderando cuidadosamente tudo aquilo que você falou". E assim vai a reunião.

Há grupos religiosos cuja liturgia consiste de silêncio. Faz alguns anos passei uma semana num mosteiro na Suíça, Grand Champs. Eu e algumas outras pessoas ali estávamos para, juntos, escrever um livro. Era uma antiga fazenda. Velhas construções, não me esqueço da água no chafariz onde as pombas vinham beber. Havia uma disciplina de silêncio, não total, mas de uma fala mínima. O que me deu enorme prazer às refeições. Não tinha a obrigação de manter uma conversa com meus vizinhos de mesa. Podia comer pensando na comida. Também para comer é preciso não ter filosofia. Não ter obrigação de falar é uma felicidade. Mas logo fui informado de que parte da disciplina do mosteiro era participar da liturgia três vezes por dia: às 7 da manhã, ao meio-dia e às 6 da tarde. Estremeci de medo. Mas obedeci. O lugar sagrado era um velho celeiro, todo de madeira, teto muito alto. Escuro. Haviam aberto buracos na madeira, ali colocando vidros de várias cores. Era uma atmosfera de luz mortiça, iluminado por algumas velas sobre o altar, uma mesa simples com um ícone oriental de Cristo. Uns poucos bancos arranjados em "U" definiam um amplo espaço vazio, no centro, onde quem quisesse podia se assentar numa almofada, sobre um tapete. Cheguei alguns minutos antes da hora marcada. Era um grande silêncio. Muito frio, nuvens escuras cobriam o céu e corriam, levadas por um vento impetuoso que descia dos Alpes. A força do vento era tanta que o velho celeiro torcia e rangia, como se fosse um navio de madeira num mar agitado. O vento batia nas macieiras nuas do pomar e o barulho era como o de ondas que se quebram. Estranhei.

Os suíços são sempre pontuais. A liturgia não começava. E ninguém tomava providências. Todos continuavam do mesmo jeito, sem nada fazer. Ninguém que se levantasse para dizer: "Meus irmãos, vamos cantar o hino..." Cinco minutos, dez, quinze. Só depois de vinte minutos é que eu, estúpido, percebi que tudo já se iniciara vinte minutos antes. As pessoas estavam lá para se alimentar de silêncio. E eu comecei a me alimentar de silêncio também. Não basta o silêncio de fora. É preciso silêncio dentro. Ausência de pensamentos. E aí, quando se faz o silêncio dentro, a gente começa a ouvir coisas que não ouvia. Eu comecei a ouvir. Fernando Pessoa conhecia a experiência, e se referia a algo que se ouve nos interstícios das palavras, no lugar onde não há palavras. E música, melodia que não havia e que quando ouvida nos faz chorar. A música acontece no silêncio. É preciso que todos os ruídos cessem. No silêncio, abrem-se as portas de um mundo encantado que mora em nós – como no poema de Mallarmé, *A catedral submersa*, que Debussy musicou. A alma é uma catedral submersa. No fundo do mar – quem faz mergulho sabe – a boca fica fechada. Somos todos olhos e ouvidos. Me veio agora a ideia de que, talvez, essa seja a essência da experiência religiosa – quando ficamos mudos, sem fala. Aí, livres dos ruídos do falatório e dos saberes da filosofia, ouvimos a melodia que não havia, que de tão linda nos faz chorar. Para mim Deus é isto: a beleza que se ouve no silêncio. Daí a importância de saber ouvir os outros: a beleza mora lá também. Comunhão é quando a beleza do outro e a beleza da gente se juntam num contraponto...

Por que a escutatória é importante

Muitas vezes, sentimos a necessidade de parecer interessantes, quando, na verdade, o caminho mais fácil para se chegar lá é estar interessado. E quando ligamos mais para o primeiro que para o segundo, perdemos oportunidades de conexão e crescimento.

Estar interessado significa treinar o ouvido e a atenção. É fazer questão de entender o que dizem e se aprofundar naquilo. Não é algo que vem naturalmente. Natural costuma ser rebater automaticamente com uma história pessoal ou dar conselho. O desafio está no silêncio, na pergunta sem julgamento e no interesse real pelo que o outro expressa. No final, você fica mais interessante por tabela.

Para se juntar a Rubem Alves, trago Dalai Lama: "Quando você fala, você está repetindo o que você já sabe. Quando você escuta, você pode aprender alguma coisa nova."

Ainda que eu acredite que falar também possa lhe ensinar algo, nossas conexões são determinadas por trocas. A qualidade delas tem a ver com nossa habilidade tanto de comunicar quanto de ouvir. Mas lembra quando sua mãe dizia "você tem dois ouvidos e uma boca para ouvir o dobro que fala"? Não era à toa!

Inclusive, a frase (que na verdade é de Sêneca, não da sua mãe) é sustentada também pela nossa capacidade de processamento: uma pessoa fala, em média, 225 palavras por minuto, mas consegue ouvir até 500 palavras por minuto[7].

No entanto, parece que mais comum é entrar por um e sair pelo outro. E nossa inabilidade de escutar impacta também a qualidade do que expressamos.

O autor Daniel H. Pink escreve que "para muita gente, o oposto de falar não é ouvir. É esperar. Quando os outros falam, nós normalmente dividimos nossa atenção entre o que

---

7. *10 ways to have a better conversation*, TED Talk Celeste Headlee, 2015. Disponível em: https://www.ted.com/talks/celeste_headlee_10_ways_to_have_a_better_conversation. Acesso em: 06 dez. 2020.

eles estão dizendo agora e o que nós vamos falar em seguida, e acabamos tendo um desempenho medíocre em ambas as ações"[8].

Em seu livro *Vender é humano*, ele argumenta que "alguns profissionais, inclusive os que estão no negócio de persuadir os outros, nem se dão ao trabalho de esperar". E cita ainda um estudo clássico, em que "os pesquisadores descobriram que os médicos interrompiam a maioria dos pacientes nos primeiros 18 segundos de fala durante uma consulta, o que muitas vezes impedia o paciente de descrever o que o havia levado ao consultório".

Pense em situações básicas do seu dia a dia: uma aula, uma reunião de trabalho, uma conversa com seu amigo, ou mesmo assistir a um filme.

Quanto do seu sucesso e da sua felicidade dependem do seu silêncio e atenção?

E como você pode transformar essa escuta em uma escuta ativa, que recebe sinais verbais e não verbais, e usa a empatia no processo?

Para se fazer entender e gerar confiança, é preciso também entender o outro, seus sentimentos, experiências e o contexto. Mesmo que você não concorde ou não goste do que está recebendo.

---

8. PINK, Daniel H. *Vender é humano:* a surpreendente verdade sobre a arte da persuasão. Rio de Janeiro: Sextante, 2019.

Confesso que, quando montei a aula de escutatória para incluir no meu curso de oratória, estava montando-a para mim mesmo. Até pouco tempo atrás, considerava a habilidade de escuta a minha maior falha. Por ser naturalmente extrovertido, raramente ficava quieto. Sempre interrompia e atropelava raciocínios alheios.

Ainda tenho muito a melhorar, porém acredito ter evoluído um pouco. Tenho me permitido o silêncio nas conversas, mas também nas pequenas coisas, como fazer refeições sem o celular por perto – o que para mim, antes, era sinônimo de improdutividade e tensão. Hoje, isso me possibilita dar mais atenção às minhas companhias e, quando sozinho, aos meus próprios pensamentos e sentidos. Escutatória é exercitar a consciência e a presença; exige uma gestão de tempo e foco. Ela me fez um professor, um líder e uma pessoa melhor, e espero que signifique o mesmo para você também.

As 3 regras de ouro da comunicação

1. É impossível não comunicar

Tudo – expressão facial, roupa, estética, postura etc. – passa alguma mensagem, mesmo quando nos esforçamos para não passar mensagem alguma. Você pode não pensar muito no que vai vestir amanhã de manhã, por exemplo, mas sua escolha pode acabar dizendo algo sobre seu humor, preferências musicais, nível de vaidade ou conforto, ou como você lida com seu dinheiro.

Nosso comportamento natural, é, por si só, comunicação. Além disso, cada sinal comunicado gera um comportamento em resposta. Esse, por sua vez, gera outro. Eles podem vir em forma de palavra, uma coçada no queixo, um cenho franzido, um sorriso ou qualquer tipo de reação. Mas mesmo um rosto teoricamente "sem expressão" comunica algo – seriedade ou apatia, por exemplo.

2. A maior parte da comunicação é não verbal

Em uma comunicação, três elementos são fundamentais: as palavras que estão sendo usadas, o tom de voz e a linguagem corporal.

Albert Mehrabian, em 1967, realizou estudos[9] na Universidade da Califórnia em Los Angeles (UCLA) que ditaram a regra 7-38-55. Segundo ele, a parte verbal impacta apenas 7% da comunicação. Já o tom de voz representa 38% e a linguagem corporal, 55%. Ou seja, a comunicação não verbal domina 93% da relação entre dois seres humanos.

Apesar de o método do estudo ter sido contestado e exigir contextualização, seu resultado ainda reforça um ponto bastante verdadeiro: a forma importa muito.

---

9. MEHRABIAN, A.; WIENER, M. (1967). Decoding of inconsistent communications. *Journal of Personality and Social Psychology*, 6(1), 109–114. Disponível em: https://doi.org/10.1037/h0024532. Acesso em: 6 dez 2020.
MEHRABIAN, A.; FERRIS, S. R. (1967). Inference of attitudes from nonverbal communication in two channels. *Journal of Consulting Psychology*, 31(3), 248–252. Disponível em: https://doi.org/10.1037/h0024648. Acesso em: 6 dez 2020.

Se o que uma pessoa está falando não combinar com seu tom de voz e linguagem corporal, sua mensagem será corrompida, não será passada por completo ou causará desconfiança. A intenção do que você comunica precisa estar de acordo com o todo.

Para ilustrar: alguém que lhe diz "vou te matar!", rindo e com postura relaxada, será muito diferente de alguém que lhe grita "vou te matar!" bufando de raiva e em posição ameaçadora.

3. Toda comunicação define a relação

Se você cresceu assistindo ao Chaves, vai lembrar que o personagem tinha uma clássica mania de dizer "não" acenando a cabeça de cima a baixo, e de dizer "sim" enquanto a balançava horizontalmente de um lado para o outro. E com certeza algum parente seu já enviou a você uma mensagem de texto toda em caixa alta, que fez parecer com que estivesse gritando.

Esses são exemplos simples, mas a maioria dos problemas do mundo se dão por falhas de comunicação. São ruídos entre o verbal e o não verbal, entre digital e analógico, confusões semânticas e a falta de empatia que dificultam o entendimento mútuo. E isso abrange desde boatos na mídia até conflitos diplomáticos.

No âmbito pessoal, todos os seus relacionamentos são determinados pela forma como você se comunica com cada pessoa.

Mas, afinal, comunicação é o que você diz ou o que o outro entende?

A comunicação, enquanto teoria, tem 6 elementos:

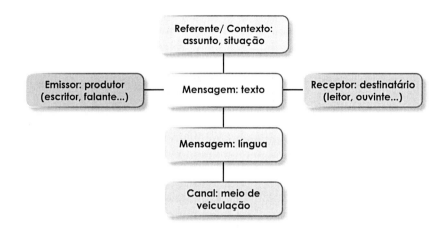

Aprendemos na escola que é papel do emissor passar sua mensagem, ao passo que é papel do receptor compreendê-la.

No entanto, uma mensagem não passa intacta nesse processo. Ela é influenciada por vários outros elementos antes de chegar aos olhos ou ouvidos devidos: o contexto de cada participante, toda a sua bagagem sociocultural, o humor de cada um, o horário do dia, o entendimento sobre as palavras ou os conceitos utilizados, os vícios de linguagem...

Toda mensagem é interpretada. É responsabilidade do emissor garantir que o receptor entendeu o mesmo que ele quis transmitir. E essa prática também demanda escuta, percepção e consideração.

○ Exercício: máquina registradora

Leia a história da próxima página e determine se as declarações que a seguem são verdadeiras, falsas ou fatos desconhecidos.

"Um negociante acaba de acender as luzes de uma loja de calçados, quando surge um homem pedindo dinheiro. O proprietário abre uma máquina registradora. O conteúdo da máquina registradora é retirado e o homem corre. Um membro da polícia é imediatamente avisado".

DECLARAÇÕES ACERCA DA HISTÓRIA	Verdadeiro	Falso	Desconhecido
1. Um homem apareceu assim que o proprietário acendeu as luzes de sua loja de calçados.	V	F	?
2. O ladrão foi um homem.	V	F	?
3. O homem não pediu dinheiro.	V	F	?
4. O homem que abriu a máquina registradora era o proprietário.	V	F	?
5. O proprietário da loja de calçados retirou o conteúdo da máquina registradora e fugiu.	V	F	?
6. Alguém abriu uma máquina registradora.	V	F	?
7. Depois que o homem que pediu o dinheiro apanhou o conteúdo da máquina registradora, fugiu.	V	F	?
8. O ladrão pediu dinheiro ao proprietário.	V	F	?
9. A história registra uma série de acontecimentos que envolvem três pessoas: o proprietário, um homem que pediu dinheiro, e um membro da polícia.	V	F	?
10.Os seguintes acontecimentos da história são verdadeiros: alguém pediu dinheiro – uma máquina registradora foi aberta – seu dinheiro foi retirado e um homem fugiu da loja.	V	F	?

Será que o seu entendimento da história é o mesmo que quem a escreveu quis passar? Quando você imaginou a situação descrita, conseguiu manter sua distância e analisar os fatos objetivamente, ou deixou seu viés natural influenciar sua percepção? O gabarito vai ao final do capítulo (pág. 55).

Os 7 tipos de ouvintes

Para nos desenvolvermos na capacidade de ouvir, precisamos saber onde estamos errando. Quais são as práticas e atitudes com as quais precisamos tomar cuidado? Leia abaixo os 7 tipos de ouvintes. Você se identifica com algum? Conhece alguém assim?

1) Cara de paisagem (*"Poker Face"*)

Quando está ouvindo alguém, o *"Poker Face"* olha para a pessoa, faz contato visual, balança a cabeça para sinalizar que entendeu — pode parecer que está prestando atenção, mas sua cabeça na verdade está em outro mundo. Em reuniões chatas, por exemplo, finge atenção.

2) Desfocado ("Multitarefa")

Também não está prestando atenção, porém demonstra claramente sua falta de interesse. É aquele seu amigo na mesa de bar que continua digitando no celular e eventualmente diz: "pode falar que eu estou ouvindo". Não está.

3) Racional ("IBGE")

Este é um tipo que não leva em consideração as emoções ou sensações do outro. Mesmo que seu interlocutor esteja visivelmente triste e incomodado, sentimentos não serão endereçados. O "IBGE" responde com reflexões simplistas, ultrapragmáticas e com dados. Julga o que vem da outra pessoa com o próprio ponto de vista e mentalidade, sem demonstrar empatia: "Não está feliz no trabalho? Você sabe que existem 10 milhões de desempregados, né?". "Terminou o namoro? Não fica assim, há muitos peixes no oceano".

4) Questionador ("Do contra")

Parecido com o racional, o questionador tem uma abordagem que tende a negligenciar o sentimento e a necessidade por trás da mensagem. A preocupação maior está em examinar seu conteúdo, verificar sua precisão e testar inconsistências. Ainda que possa ser bem intencionado, ele foca em validar a perfeição da mensagem e acaba quebrando o diálogo por querer contestar cada fala.

5) Ansioso ("Não deixa eu nem molhar o bico")

É aquele tipo de ouvinte que acha que já sabe o que vai ouvir e não quer perder tempo. Ele supõe que entendeu e logo interrompe ou fala por cima, aproveitando que a outra pessoa parou para respirar. Conversas, nesse caso, se encerram rapidamente...

6) Egocêntrico ("Meu pior é melhor" ou "Meu melhor é melhor")

Essa pessoa tem o dom de fazer o assunto girar em torno dela. Ela tende a usar muito "eu". Se você está descrevendo uma situação ou contando uma história, o egocêntrico vai pegar o caso para si, ou para contar algo parecido que aconteceu com ele, ou para competir. Inclusive para ver quem sofre mais: se você diz "hoje o diretor foi grosso comigo", o egocêntrico responde "você não sabe como foi comigo na semana passada...", ou então você diz "hoje eu recebi aumento", ele responde "e eu que bati o recorde na corrida?". Está sempre competindo pelo sofrimento ou pela glória.

7) Conselheiro ("Sabe tudo")

O conselheiro quer resolver seus problemas, mesmo que você não tenha interesse em encontrar soluções imediatas. Pode ser que ele o faça por se importar, pode ser apenas porque quer se mostrar inteligente e prestativo. Ele tende a encontrar resposta para tudo, dar sugestões o tempo todo e metralhar conceitos e regras que dificultam que a outra pessoa expresse suas opiniões e sentimentos.

E aí? Algum foi familiar?

É bem possível que todos nós já tenhamos sido um ou outro desses ouvintes alguma vez na vida, ou pode ser que ainda sejamos com frequência. Se identificarmos quando nós mesmos estamos adotando uma postura ruim como ouvinte, fica mais fácil corrigi-la. Aos poucos, vamos exercitando práticas de um oitavo tipo de ouvinte, o tipo bom: o ouvinte empático.

O 8º ouvinte: aquele que pratica a escuta empática e a CNV

Quando colocou no papel a abordagem que chamou de comunicação não violenta (CNV)[10], Marshall Rosenberg usou o conceito de "não violência" da mesma forma que a entendia Gandhi: baseada na compaixão e na nossa capacidade de continuarmos humanos, mesmo em condições adversas.

Você pode pensar que sua comunicação não é explicitamente violenta e que, portanto, isso não se aplica a você. Porém, as palavras e a maneira de nos expressarmos podem causar dor (para nós e para os outros), ainda que não estejamos gritando ou usando ofensas. Às vezes, simplesmente porque ignoramos o que está motivando uma fala.

Isso porque, segundo Marshall Rosenberg, "por trás de todo comportamento existe uma necessidade", assim como "todo ato violento é uma expressão trágica de uma necessidade não atendida."

A CNV nos ensina a observarmos e articularmos claramente nossas necessidades mais profundas e as dos outros, levando em conta como determinadas condições nos afetam.

---

10. ROSENBERG, Marshall B. *Comunicação não violenta*: técnicas para aprimorar relacionamentos pessoais e profissionais. Tradução de Mário Vilela. 3. ed. São Paulo: Ágora, 2006.

Ela vem para substituir a urgência de diagnosticar, julgar, resistir, assumir reações defensivas ou posições de ataque.

Com base em tudo o que já estudei e compilei sobre a CNV, vejo algumas frases que podem ajudar a consolidar seu propósito:

- Falar sem machucar e sem engolir sapo, ouvir sem se ofender.

- Um caminho para cocriar uma ponte com o outro, mesmo durante uma briga.

- Enxergar além do comportamento do outro e decifrar o que irrita nele...

- Ver o que existe no outro em comum, se conectar e resolver conflitos.

- Um caminho de autoconhecimento, um paraquedas de autoconsciência.

Pela ênfase em escutar com intenção e coração, a CNV pode nos ajudar a nos livrarmos de velhos padrões associados aos 7 ouvintes que descrevemos e a nos tornarmos ouvintes mais empáticos.

Os quatro componentes da comunicação não violenta:

- Observação: que ações concretas podemos perceber, sem julgamentos, que afetam positiva ou negativamente meu bem-estar?

- Sentimento: que nomes específicos posso dar para o que estou sentindo em relação ao que observei (gratidão, alívio, constrangimento, preocupação, decepção, frustração...)?

- Necessidade: quais são as necessidades, valores e desejos que estão ou não estão sendo atendidos e que provocam esse(s) sentimento(s)?

- Pedido: o que preciso da outra pessoa para que minha vida fique melhor e como posso articular isso claramente?

Uma fala assertiva que incorpora esses quatro elementos se pareceria com a fórmula a seguir:

Quando... (observação), eu me sinto... (sentimento) porque... (necessidade). Será que você poderia... (pedido)?

Imagine, por exemplo, um par de amigos que moram juntos: João e Mário. João tem o costume de deixar a louça suja ao longo do dia, e Mário constantemente precisa lavá-la para poder cozinhar à noite, quando chega do trabalho. Uma forma de expressar-se, seguindo os quatro componentes do modelo da CNV, poderia ser:

"João, quando chego em casa e vejo a louça suja, eu me sinto frustrado, porque preciso que cada um assuma a responsabilidade sobre o que usa em casa e tenha seu tempo respeitado. Você poderia passar a lavar a louça após terminar de comer, por favor?"

Empatia

O conceito de empatia indica a relação entre um observador e seu objeto, em um processo instintivo de "imitação interna", o que geralmente chamamos de "colocar-se no lugar do outro".

Adaptado por Laura Schiavinato, a partir de ilustração original de Henry J Garrett, disponível em https://i.pinimg.com/originals/39/2e/32/392e3203403d77f01294e989575bfc23.jpg

Isso significa não apenas se imaginar na mesma situação em que a outra pessoa está, mas também com o olhar, a cabeça e o coração que ela tem. Envolve considerar seu contexto sociocultural, sua bagagem intelectual, todas as experiências que a trouxeram até ali e que contribuem para a forma como ela encara tal situação.

Sabe a famosa regra áurea, "trate o outro como você gostaria de ser tratado"? Esta frase está incompleta, pois na lógica da empatia, o correto seria "trate o outro como ele gostaria de ser tratado."

> *"Eu não gosto daquela pessoa. Preciso conhecê-la melhor!"*
> *(Abraham Lincoln)*

Há 3 tipos de Empatia:

1) Empatia Cognitiva

Você consegue compreender como a outra pessoa vê o mundo.

2) Empatia Emocional

Você consegue sentir como a outra pessoa se sente.

3) Empatia Solidária ou Compassiva

Você não apenas compreende e sente, mas se move espontaneamente para ajudar a outra pessoa.

Empatia é deixar de julgar os demais com base em suas próprias percepções de mundo e começar a entender as deles. Exige criar espaço para a escuta, com os ouvidos e com a alma — o que, por sua vez, exige um esforço consciente e constante. Empatia é abrir portas e conectar-se com o outro!

Adaptado por Laura Schiavinato, a partir de ilustração original do Studio Protótipo, disponível em https://studioprototipo.com.br/

Exercícios de escuta ativa

Algumas recomendações para manter-se presente e deixar claro à outra pessoa que ela tem sua atenção:

- Olhe nos olhos.

- Faça perguntas, demonstre interesse.

- Sempre que possível, anote o que o outro está te dizendo.

- Faça pequenos gestos e diga palavras de confirmação (como balançar a cabeça ou concordar com expressões como "aham" e "certo").

- Ao longo da conversa, repita brevemente o que foi dito.

- Ao final, resuma com suas palavras os principais pontos para confirmar se você entendeu corretamente.

E como isso tudo se conecta com oratória?

- A característica número 1 da liderança é saber ouvir para se conectar. É preciso priorizar o estabelecimento de um canal de diálogo. É dessa forma que você mostra que se importa com as pessoas. E você vai gerir pessoas, não máquinas.

- Como orador, você precisa saber quem é sua plateia, suas características, qual proveito ela tem ao ouvir você e como transformar sua fala em algo que atenda necessidades, valores e desejos.

- Se sua plateia está desinteressada, é sua responsabilidade ouvi-la, perceber suas reações, seus gestos e expressões, para endereçar suas expectativas.

- Se sua plateia tiver perguntas, é imprescindível escutá-las ativamente e formular respostas que levem em consideração os princípios da empatia (seja pelo interlocutor, ou pelo objeto de sua pergunta).

Por fim, a CNV permite:

- Evitar uma comunicação ofensiva, separando fatos de julgamentos.

- Reconhecer as emoções desconfortáveis, expressando vulnerabilidade.

- Revelar expectativas e necessidades que não estão sendo atendidas.

- Firmar um acordo que viabilize a convivência futura, sabendo ouvir efetivamente.

- Promover autenticidade e praticar empatia.

Mas, além de ser um caminho para cocriar pontes com o outro, é também um processo para se escutar melhor. Um exemplo de uma comunicação agressiva sua consigo mesmo são os pensamentos autossabotadores. São eles que causam nervosismo no palco, que dão branco, que fazem você pensar que não tem capacidade de dominar a oratória. Normalmente, são aqueles pensamentos que começam com "eu não consigo", "eu não sou capaz", "eu não mereço", "tem alguém melhor do que eu"...

Da próxima vez que esses pensamentos interferirem em sua performance, pergunte-se: o que observo no meu comportamento que afeta meu bem-estar, como isso me faz sentir, qual é a expectativa exata que não é atendida e o que eu preciso fazer para me reconectar com meu objetivo?

Pratique ainda o *"mindful listening"*: respire fundo, faça pausas, e pratique a presença. Dessa maneira, você deixa espaço também para o silêncio interior.

FAQ DA ESCUTATÓRIA

Abaixo, algumas das perguntas que mais recebo de alunos sobre o assunto:

Como lidar com pessoas que têm muita energia na hora de falar e acabam atropelando todos?
Faça um exercício pessoal e respire três vezes antes de responder à pessoa. Dê o bom exemplo!

Como recuperar a atenção de quem está distraído?
Perguntas costumam ser a tática mais eficiente. Falaremos delas mais adiante!

Como estimular uma pessoa que não quer falar muito a falar?
Começa pela confiança, por isso a empatia também tem um papel tão importante. Demonstre interesse genuíno e faça boas perguntas. Nada que pareça interrogatório, investigação ou ameaça, mas precisam ser questões que sejam tanto direcionadas para a pessoa especificamente quanto abertas o suficiente para que ela se sinta encorajada a elaborar sua resposta.

Como cortar o prolixo (pessoa que fala muito, se repete ou explica muita coisa detalhadamente)?
Tente interromper educadamente, resumir o que ele está falando e direcionar a conversa para os próximos passos e uma conclusão: "...então?"

Como cortar um assunto desagradável — por exemplo, quando alguém está falando mal de outra pessoa?
Novamente: pergunte. Seguindo o exemplo, pergunte se a pessoa que está sendo alvo sabe que aquilo está sendo falado dela. Não tenha medo de chamar a atenção (com educação) para comportamentos que você desaprova.

Como lidar com situações difíceis da vida (morte, término de relacionamento, demissão)?
Apenas esteja presente! Na maioria das vezes, a pessoa precisa apenas ser ouvida.

E se começar a chorar muito?
Ofereça água e lenço, porém continue escutando e presente. Resista ao impulso de querer já "resolver o problema" do outro. Dificilmente uma sugestão de solução vai melhorar a situação, mesmo porque muitas vezes a solução não existe. O que pode melhorar a situação de verdade é a conexão que você estabelece com o outro.

Para lembrar:

- "Não é bastante ter ouvidos para ouvir o que é dito; é preciso também que haja silêncio dentro da alma".

- Escutatória e empatia precisam ser treinadas.

- Não é só a palavra — TUDO comunica algo, e para todo sinal existe uma reação.

- Toda mensagem passa por interpretação. É responsabilidade do emissor garantir que o receptor entendeu o mesmo que ele quis transmitir.

- Por trás de todo comportamento existe uma necessidade.

- Seja um ouvinte empático também com você mesmo.

¿ / ¿ / ¿ / ¿ / ʌ / ¿ / ʌ / ʇ / ¿ / ¿
Gabarito do exercício da máquina registradora:

3. TIPOS DE ORATÓRIA

A oratória e a escutatória permeiam todos os formatos de interação falada, desde uma conversa informal em um encontro romântico até uma aula da faculdade ou uma entrevista formal para a televisão.

Para cada uma delas, há dois componentes que sempre impactam o resultado: domínio sobre o assunto e preparação para a situação.

MEMÓRIA
Domínio alto,
preparação baixa:
Não sabia que ia falar,
mas conheço o assunto

BRILHO
Domínio alto,
preparação alta:
Sabia que ia falar e
conheço o assunto

ESCURO
Domínio baixo,
preparação baixa:
Não sabia que ia falar,
nem conheço o assunto

PESQUISA
Domínio baixo,
preparação alta:
Sabia que ia falar, mas
não conheço o assunto

(Eixo vertical: **Domínio** — Eixo horizontal: **Preparação**)

Memória + Brilho: zona da *expertise*

Memória + Escuro: zona do imprevisto

Pesquisa + Brilho: zona do compromisso

Pesquisa + Escuro: zona do descobrimento

Vejamos a seguir como diferentes tipos de oratória se encaixam nesses quadrantes.

Pitch
[Zona da *expertise*]

Imagine que tem uma pessoa muito importante com quem você queira falar há semanas — um potencial cliente, por exemplo — e você dá sorte de entrar no mesmo elevador que ela.

Você tem do térreo até, digamos, o 10º andar. Só vocês dois. A não ser que você saia apertando todos os botões do elevador para ele parar em cada piso, isso lhe dá entre 30 e 40 segundos: quais são as palavras que você vai escolher para transmitir sua mensagem?

Um *pitch* de elevador se baseia nessa premissa. Ele precisa ser sucinto, fácil de entender e ousado o suficiente para despertar o interesse e transformar aqueles 30 ou 40 segundos em uma reunião posterior.

Por definição, um *pitch* — independentemente do lugar onde é feito — é um discurso estruturado com objetivo de persuasão. O tempo não importa muito, depende da situação. O contexto também determina os tópicos que devem ser cobertos, mas algo que todos têm em comum é que eles apresentam um problema e uma solução.

Um *pitch* de venda de uma plataforma numa mesa de reunião, por exemplo, deve conectar todas as dores da empresa com os atributos do produto que está sendo vendido, e então incluir pontos como funcionalidades, processo de implementação e preço. Um *pitch* de um novo negócio para potenciais investidores exige não apenas uma apresentação das oportunidades sendo atacadas, como também detalhes sobre o time, modelo de negócios e o mercado, entre outros. Você também pode usar um *pitch* para falar de você mesmo em uma entrevista de emprego.

Todo *pitch* é um processo de convencimento que leva a um próximo passo. Esse passo pode ser, por exemplo, uma reunião com um tomador de decisão ou um teste do produto, no primeiro caso; ou uma conversa franca sobre números e termos do acordo de investimento, no segundo caso.

Quanto mais tempo disponível para o *pitch*, mais argumentos podem ser usados para persuadir o público a avançar para a próxima etapa, mas também mais difícil é manter a atenção dele.

Como a maioria das apresentações, um *pitch* precisa ter um início chamativo, uma narrativa coerente e um final marcante.

Uma vez que esteja estruturado, destaque o que é mais essencial dele e treine versões do mesmo *pitch* com diferentes durações. Se você está preparado para 15 minutos e pedissem para falar por 25, em que tópicos aprofundaria ou o que acrescentaria? Se de 15 passasse para 5, o que você eliminaria e em que focaria para que a mensagem continuasse forte?

E se você só tivesse do térreo até o 10º andar?

○ **Exercício: *pitch* da vaca**

Quando vista como parte de uma cadeia de produção (desculpem, vegetarianos e veganos!), uma vaca provê quatro produtos:

- Carne

- Couro

- Leite

- Fazer bezerrinhos

Seu objetivo é criar um produto inovador que envolva a vaca de alguma forma. Ela pode fazer parte do problema ou da solução, ser o produto, o cliente ou a dona da empresa, não importa.

O que importa é que seja um produto inovador e que a vaca esteja presente. Vender leite, por exemplo, não se encaixa — se já existe, não é inovador.

Grave um vídeo de um minuto com o *pitch* do seu produto.

Preste atenção se:

- Sua abertura faz com que as pessoas queiram continuar escutando.

- Você dá o contexto necessário.

- Sua solução é convincente quanto à capacidade de resolver o problema.

- Você convida as pessoas para a etapa seguinte.

Se quiser se desafiar ainda mais, remodele seu *pitch* para que ele dure 5 minutos, e depois para que ele dure 30 segundos.

Dicas para o *pitch* de um novo negócio

Comece sempre pelo problema que você quer resolver (dor, necessidade, desejo...), em seguida caracterize bem seu cliente ou potencial cliente e só então fale da solução (produto, serviço, app...) que você está ofertando. Não se esqueça de passar pela proposta de valor (diferenciais, inovações e vantagens competitivas), pelo modelo de negócios (canais de vendas, fontes de receita...), pelo time, pelo histórico de realizações até agora e pelos principais números financeiros. E sempre feche com uma mensagem inspiradora!

Apresentação
[Zona do compromisso]

Uma apresentação é uma definição bastante ampla, mas, para o objetivo desta seção, vamos considerar apenas apresentações preparadas, com ou sem estrutura rígida, com um tempo pré-fixado e um apoio visual.

"Apoio", aqui, é a palavra-chave. Nenhum *powerpoint* nasce para ser a estrela de uma apresentação. Se ele está chamando mais a atenção do que a pessoa em evidência, garanto que isso não é o ideal. Ou há tanto texto que ninguém escuta o conteúdo, ou os efeitos visuais distraem, se sobrepõem à fala ou não se conectam com ela.

O protagonista deve ser o orador. Inclusive, não se começa a montar uma apresentação visual antes que a estrutura da fala esteja montada.

Traremos mais dicas sobre esse ponto no capítulo 6, mas o exemplo de Steve Jobs pode nos adiantar algumas boas práticas:

○ **O que Steve Jobs faria?**

Além de ter uma empolgação contagiante e ser um ótimo contador de histórias, Jobs fazia algo que poucos oradores sequer consideram fazer: transmitir uma experiência.

Ele classificava a plateia em três tipos de pessoas: os auditivos, que focam mais nas palavras; os visuais, que prestam mais atenção nas imagens ou vídeos; e os cinestésicos, que dão mais valor ao tato e à experiência prática. Todas as apresentações dele incluíam um bom *storytelling*, um apoio visual impactante, mas também demonstrações do produto.

Uma coisa é falar que está vindo aí um celular com um botão só. Outra coisa é mostrar uma foto do celular com diagramas sobre o funcionamento da sensibilidade ao toque. Outra, completamente diferente e revolucionária, é ter um *smart-*

phone com tela *touchscreen* na mão, com o qual se interage com demonstrações ao vivo.

As pessoas não são de um tipo apenas, mas tendem a absorver o conhecimento mais facilmente de uma dessas três maneiras. Portanto, se você consegue abraçar bem os sentidos auditivo, visual e cinestésico, são maiores as chances de sua mensagem ser compreendida.

Vale dizer também: Jobs treinava, treinava e treinava, depois treinava um pouco mais. Refinar seu discurso e ensaiar seus movimentos são fundamentais para causar o efeito desejado nessas três frentes.

Recomendo que você assista à apresentação histórica do lançamento do primeiro iPhone em que Jobs expõe três produtos na tela e fica forçando até a plateia entender que os três são um único produto, sem ele precisar falar explicitamente isso. Que técnicas de oratória você identifica que ele usou?

Discurso
[Zona do compromisso ou da *expertise*]

Então você é padrinho ou madrinha de casamento e precisa fazer um brinde aos noivos? Está esperando receber um prêmio e será chamado ao palco para fazer um agradecimento? Representará sua classe em um conselho e quer defender um posicionamento? Está se candidatando a uma eleição e deve promover suas promessas em um palanque?

Um discurso admite diferentes formas, mas é principalmente associado a uma exposição de pensamentos, metódica ou sentimental, com estrutura e duração flexíveis.

Ele pressupõe certa preparação, mesmo que não seja regra. Em alguns casos (ainda que não seja ideal), pode ser comum usar fichas de papel como apoio pessoal, para lembrar-se dos tópicos. Mas geralmente não um apoio visual, também pelos cenários em que costumam ocorrer. Imagine só Martin Luther King em 1963, em frente ao Lincoln Memorial, dizendo "Eu tenho um sonho!... No próximo *slide*, vou explicar qual é ele".

Não é à toa que, além do de Martin Luther King (a quem vamos dissecar um pouco melhor mais adiante), alguns dos discursos mais marcantes do mundo são políticos e inspiracionais. Eles tendem a ter certa carga de emoção e promover ideias, mais do que tentar convencer ou ensinar. Alguns exemplos:

- Nelson Mandela. Em seu discurso mais notório, ele conseguiu falar por 3 horas e não só não entediar ninguém, como entrar para a história. A citação mais célebre é justamente sua última frase, inclusive: "estou preparado para morrer." Momento crucial para a democracia na África do Sul, Madiba defendia seus ideais durante o Julgamento de Rivonia, cujo veredito, afinal, o mandaria para a prisão.

- Abraham Lincoln. No Discurso de Gettysburg, fez o oposto de Mandela e usou apenas 272 palavras. Mas elas foram tão bem ditas que sobrevivem há mais de 150 anos e são estudadas em escolas em todos os EUA. As mais famosas:

"que esta Nação, com a graça de Deus, renasça na liberdade, e que o governo do povo, pelo povo e para o povo jamais desapareça da face da Terra."

- John F. Kennedy. Você já deve ter percebido que discursos frequentemente ficam famosos por causa de uma ou duas frases. Esse é o caso aqui também e, mesmo não tendo nada a ver com o Brasil, pode ser que você conheça sem querer o discurso inaugural presidencial de JFK por causa dessa: "Não pergunte o que seu país pode fazer por você. Pergunte o que você pode fazer por seu país."

- Barack Obama. Começou a chamar a atenção como orador antes mesmo de sonhar com a Presidência dos EUA. Na época candidato a senador, em Illinois, ele declarou: "Não existe uma América liberal e uma América conservadora; existem os Estados Unidos da América. Não existe uma América de negros, uma América de brancos, uma América de latinos e uma América de asiáticos; existem os Estados Unidos da América..." Foi por causa desse discurso, de 17 minutos no total, que ele passou a ter reconhecimento nacional.

Improviso
[Zona do imprevisto ou do descobrimento]

Falar de improviso pode ser uma das situações mais desagradáveis da vida. O famoso rabo de foguete! Normalmente, te passam o microfone, ligam a luz vermelha da câmera e esperam que você mande brasa! Até o improviso tem técnica!

Improvisar é bem mais simples quando você já domina o assunto. O desafio passa a ser apenas selecionar os pontos e estruturá-los para que façam sentido dentro de um contexto.

Pense em um músico se juntando a uma banda com quem ele nunca tocou, no meio de uma música que ele não conhece. Se ele tiver boa base teórica, conhecer suas escalas e tiver comando prático sobre o instrumento, conseguirá acompanhar. Pode não sair exatamente como a original (fazendo um paralelo com a oratória: pode não sair tão bom quanto se tivesse se preparado), mas no mínimo haverá harmonia.

Uma técnica para improvisar uma fala é ganhar tempo no início. Como?

- Agradeça a pergunta.

- Reconheça ou elogie a importância da pessoa ou do tema.

- Reformule a pergunta ou a repita com outras palavras.

Esses são segundos preciosos que você pode usar para pensar no que dizer e organizar suas ideias.

Em seguida, você pode encaixar seu conteúdo nas estruturas mentais abaixo. Como exemplo, veja como elas podem ser utilizadas dentro do tema "tecnologia na educação":

- Passado > Presente > Futuro

   Antigamente, a sala de aula consistia em uma relação vertical em que o professor era o único detentor do conteúdo. Hoje, com o acesso facilitado ao conhecimento por meio da internet, o aluno tem mais autonomia e o educador assume novos papéis de mediação e orientação, numa relação mais horizontal. Acredito que, conforme a tecnologia avance e novos desafios se apresentem, a educação será mais focada no desenvolvimento de competências e o aluno será protagonista de sua jornada de ensino.

- Pontos fortes > Pontos fracos

  Ferramentas de tecnologia podem impactar a concentração dos alunos nos estudos. Em contrapartida, também apresentam oportunidades de tornar o aprendizado mais dinâmico e engajador.

- Causas > Consequências

  O ensino de programação e robótica no currículo escolar traz como consequência a possibilidade de tornar lições mais interativas e estimular habilidades de resolução de problemas e raciocínio lógico.

- Problema > Solução > Benefícios

  As escolas tendem a achar que o modelo tradicional de ensino é sustentável, porém ele não se sustentará por muito tempo. Uma cultura de inovação é necessária para que a tecnologia faça parte do currículo e da infraestrutura das instituições. Dessa forma, os alunos estarão mais bem preparados para os desafios do século 21 e o mercado de trabalho.

- O quê > Por quê > Próximos passos

> Precisamos investir no ensino de tecnologia nas escolas, porque o mundo está mudando rapidamente e alunos precisam desenvolver desde já competências técnicas e socioemocionais que serão exigidas no mercado de trabalho futuramente. Para isso, é preciso criar espaços de inovação, propícios para a realização de projetos que utilizem princípios da programação, robótica e metodologias ativas.

Essas estruturas são recursos para você acessar sua memória e começar a falar. Não se preocupe se quiser trazer futuro antes de passado, ou consequências antes de causas.

Finalmente, termine sua fala com um agradecimento final, uma frase inspiradora, mensagem otimista e/ou chamada para uma ação (CTA em inglês, *call-to-action*).

E se você não tiver nenhum conhecimento sobre o que é proposto e o improviso for total?

Talvez em um painel de evento tenham pedido para você analisar um acontecimento recente e você tenha se desligado um pouco das notícias essa semana? Talvez seja uma entrevista de emprego e queiram que você critique um livro que nunca leu?

Nesse caso, vejo dois caminhos:

Primeiro, a sinceridade completa: se abster com o "não sei opinar." Ou, melhor ainda, devolver a pergunta com outras, para que deem a você informações sobre as quais você possa basear uma análise.

Segundo, a convicção completa: usar o pouco que você sabe sobre o tema, ou mesmo uma história pessoal que se conecte com ele, para formular uma resposta. E então, falar com confiança. Vai exigir cara de pau e, dependendo da situação e do que você diga, podem sair dali direto para conferir os fatos — ou confrontar você com eles ali mesmo, se não forem reais (mesmo que sua intenção não seja mentir).

Cabe a você dosar os riscos de cada opção.

○ **<u>Exercício: afie seu cérebro</u>**

1) Para sair dos padrões

Nosso cérebro rapidamente associa imagens com a linguagem que usamos para elas. Se você vê uma cadeira e precisa descrevê-la em uma palavra, dificilmente essa palavra não vai ser "cadeira." Neste exercício, você vai desafiar essas associações automáticas.

a) Aponte para objetos ao seu redor e dê a eles nomes diferentes do que você daria normalmente. Não aceite a primeira coisa que venha à cabeça. Seja rápido. Nomeie, com palavras diferentes, 10 a 15 objetos seguidos.

Fez? O que achou?

É muito provável que você tenha utilizado palavras que, apesar de não terem conexão com o objeto apontado, tenham conexões entre si. Depois de um tempo, seu cérebro começa a estocar palavras e separá-las em categorias. É uma mania nossa de repetir padrões confortáveis.

Por exemplo: se você começou com "carro", as seguintes podem acabar sendo "ônibus", "caminhão", "bicicleta"...

b) Sabendo disso, faça o exercício novamente, agora com palavras totalmente diferentes das que você usou antes. Livre-se dos padrões tanto quanto possível! Repita novamente e desafie seu cérebro até que as palavras não tenham relação nem entre si nem com os objetos.

É incrível como nosso cérebro está sempre pregando peças na gente. O objetivo desse exercício é treiná-lo para que ele saia de seu próprio caminho, para que você não deixe que ele atrapalhe quando você precisar falar de improviso.

2) Para criar de improviso

Chame uma pessoa para participar deste exercício com você. Você vai dar um presente imaginário para ela. O papel da pessoa que recebe o presente é olhar dentro da caixa imaginária e dizer a você o que ela ganhou. Seu papel é justificar o presente que você acabou de descobrir qual é:

"Eu sabia que você precisava de ___, porque..."

O improviso se define muito pelo fato de a construção ser feita com base em uma informação nova. Quando você assiste a esquetes teatrais de improviso, por exemplo, percebe que as interações vão sempre se complementando, e uma regra de ouro é que um ator não pode anular a história proposta pelo improviso do outro. A resposta vem tanto de acordo com o que quem está em cena acabou de fazer, quanto deve ser condizente com o histórico de coisas que os atores fizeram ao longo do esquete.

Está improvisando a justificativa de um presente? Elabore um contexto para essa pessoa, invente uma história para ela. Repare no que ela comunica, verbalmente ou não, e como esse presente se encaixa com tudo isso.

○ **Exercício: atenção a cada letra**

Como orador, seu trabalho é estar a serviço da sua plateia. No improviso, a atenção é redobrada porque você precisa ter a escutatória afiada e formular o que vai falar enquanto fala. Aqui, vamos treinar ouvido e agilidade com um jogo de soletração.

Aproveite que já tem um parceiro do exercício anterior e peça para que participe deste também. Para ele ou ela, você vai contar a próxima coisa divertida que você pretende fazer, só que S-O-L-E-T-R-A-N-D-O! Peça que faça o mesmo para que você possa escutar a resposta soletrada agora e praticar a atenção pela escuta.

Na segunda rodada, conte um mico ou situação engraçada que viveu!

Argumentação
[Todas as zonas]

Os tipos de troca que exigem argumentação, na maioria das vezes, têm muito a ver com o improviso, mas podem ser encaixados em qualquer um dos 4 quadrantes discutidos na introdução deste capítulo. Tudo vai depender da situação.

Aqui estamos falando de cenários como debates, entrevistas, reuniões de venda, painéis de eventos ou onde for necessário provar um ponto diretamente para alguém que possa refutar ou pedir evidências sobre suas afirmações.

Evidência, aliás, é algo que conta muito nesses casos — sejam dados empíricos, embasamento teórico ou exemplos pessoais — e é essencial para o fator preparação. Mas ela, sozinha, não faz uma argumentação. E é preciso saber onde usar cada uma.

Se em uma entrevista de emprego perguntam a uma mulher "por que você será uma boa gestora?" e ela disser que estatisticamente mulheres são mais bem avaliadas em habilidades de liderança, isso não vai contar muitos pontos para ela. Seria tão efetivo quanto se um homem respondesse que 95% dos CEOs de empresas Fortune 500 são homens.

Nenhum dos dois estaria errado, os números são verdadeiros[11]. Mas a pessoa entrevistando não quer saber dos outros; ela quer escutar um caso real que demonstre suas habilidades.

---

11. ZENGER, Jack; FOLKMAN, Joseph. Research: Women Score Higher Than Men in Most Leadership Skills. *Harvard Business Review* (2019). Disponível em: https://hbr.org/2019/06/research-women-score-higher-than-men-in-most-leadership-skills. Acesso em: 06 dez. 2020.

Por outro lado, em um debate político, seria impensável um candidato dizer que é contra aumentar a segurança em um bairro que foi comprovado como inseguro por dados quantitativos, justificando que "quando eu visitei, foi tranquilo".

Inconsistências como essas e argumentos que fogem do propósito de uma discussão, no entanto, são extremamente comuns. Às vezes, acontecem por falta de capacidade de raciocínio lógico. Às vezes, por falta de ética.

Arthur Schopenhauer escreveu sobre isso, que ele chama de dialética erística, em *Como vencer um debate sem precisar ter razão*[12]. No livro, ele descreve 38 estratagemas que desviam a atenção do que importa para distrair a plateia do fato de o debatedor não saber do que está falando. Elas envolvem, muitas vezes, desestabilizar um oponente emocionalmente, distorcer o que ele fala, usar da credibilidade de uma autoridade desconectada do assunto, entre outros.

Caso não esteja claro, esses não são estratagemas que necessariamente você deve seguir. Mas é importante entender como eles funcionam para identificá-los em argumentações alheias ou mesmo para que esteja preparado caso usem contra você.

Preparação, afinal, é o grande truque para uma boa argumentação. Você não sabe que contrapontos vai encontrar, porém pode tentar prevê-los e colher informações ou até ensaiar possíveis respostas.

---

12. SCHOPENHAUER, Arthur. *Como vencer um debate sem precisar ter razão*. Rio de Janeiro: Topbooks, 2003.

Em alguns eventos, se há um mediador, muitas vezes as perguntas essenciais são compartilhadas com antecedência. Para uma entrevista de emprego, seria possível conversar com colaboradores que passaram pelo processo para entendê-lo melhor, fazer uma recapitulação da sua carreira e refletir sobre cada escolha. Para uma reunião de vendas, vale estudar o cliente e quaisquer barreiras e receios que ele possa ter. Em um debate, não adianta, o jeito é empatia: colocar-se no lugar de quem tem visões contrárias às suas.

É ela que vamos treinar agora.

○ <u>Exercício: defesa da defesa</u>

Escolha um dos tópicos a seguir e decida, consigo, um lado para defender.

- Qual superpoder é mais eficiente: invisibilidade ou habilidade de ler mentes?

- Pessoas sentadas no assento do meio do avião deveriam ter direito a ambos os apoios de braço: sim ou não?

- Quantos furos tem um canudo: 1 ou 2?

- Quem venceria uma briga: Batman ou Super-Homem?

- Fazer crianças acreditarem que Papai Noel existe: bom ou ruim?

Escolheu? Ótimo, agora seu desafio é montar a defesa do lado do qual você discorda. Pense em todos os argumentos que podem funcionar a favor do seu objetivo. Pense como um oponente rebateria esses argumentos, e nos contrapontos que você pode apresentar.

Quer deixar ainda mais interessante? Chame alguém para participar e veja quantos argumentos você conseguiu de fato antecipar.

Para lembrar:

- Todo *pitch* é um processo de convencimento que leva a um próximo passo.

- Em apresentações, inspire-se em Steve Jobs e considere som, imagem e sensações para passar mensagem e experiência completas.

- Discursos carregam ideias e, portanto, emoções.

- Improviso pode ter estrutura! Ganhe tempo para organizar os pensamentos dentro dela.

- Preparação permite argumentações melhores — garanta que as evidências façam sentido com o contexto.

4. FORMA NÃO VERBAL

Na época da escola, eu não tinha interesse nenhum por biologia. Achava o tema desinteressante, sabia que nunca trabalharia com nada parecido, não via sentido em entender as fases da mitose ou a função da mitocôndria.

Ainda assim, a aula de biologia era uma das minhas favoritas.

A culpa era do "Julio Maluco", um professor que, de tanto carisma e energia, tornava impossível não prestar atenção na aula. Em sala, ele era quase um personagem. Entrava com entusiasmo, ia até a janela conversar com uma pessoa imaginária, colocava o coração dele a serviço dos alunos.

Ao mesmo tempo, mantinha a exigência: "o dia em que eu parar de te cobrar, é o dia em que parei de me importar", ele dizia. Eu tinha vontade de me sair bem na prova só para ter mais contato com ele. Quando conversávamos durante o recreio, ele não era mais aquela caricatura, e sim uma pessoa normal — o que me mostrou ainda mais o quanto ele se empenhava em transmitir sua paixão à classe e fazer da biologia um assunto divertido.

Por causa dele, eu decidi ser professor.

Há pessoas que passam pela sua vida para te inspirar, e eu queria fazer por outros jovens o que Julio Maluco fez por mim.

Infelizmente, há também quem inspire a fazer diferente. Afinal, todos tivemos mestres que eram absolutamente geniais em suas conquistas acadêmicas, mas não conseguiam empolgar seus alunos da mesma forma. Lembra daquelas aulas que colocavam um pessoal para dormir, de tão baixinha e monótona que era a voz do professor?

O "efeito Julio Maluco" claramente exigiria um poder de oratória que ia além de dominar o conteúdo. No capítulo 2, mencionei a regra 7-38-55. Agora, é justamente sobre os 38-55 que trata este capítulo: os 93% da nossa comunicação que são majoritariamente não verbais.

Vejamos, então, os 5 elementos que mais influenciam a forma não verbal de uma apresentação:

Vestimenta e estética

É fundamental, quando temos uma apresentação importante, que a primeira coisa seja planejar a roupa que vamos vestir. Se for em um ambiente informal, não adianta ir de terno e gravata. Se for em um ambiente formal, não vai pegar bem ir de bermuda e chinelo. Imediatamente, a plateia vai formar uma primeira opinião e pode ser que sua comunicação não seja aquela que você gostaria.

Elementos estéticos também precisam ser planejados. Para homens, contam principalmente a barba e o cabelo. Para mulheres, cabelo e maquiagem.

É importante evitar qualquer detalhe que possa vir a desconcentrar você ou a plateia. Isso vale para estampas chamativas, roupas reveladoras demais, acessórios que atrapalhem a mobilidade ou façam barulho — a não ser, claro, que esses sejam recursos de apoio para sua apresentação.

Além disso, cuidado redobrado se você for comer antes de se apresentar. Uma mancha de mostarda na camisa pode não passar a melhor impressão do mundo, ainda que ela não tenha absolutamente nada a ver com sua credibilidade (quem nunca deixou cair uma gota de qualquer coisa na camisa enquanto comia que atire a primeira pedra). Não se esqueça jamais de checar também se ficou alguma casca de feijão no dente!

Postura, gestos e expressões faciais

Sua postura é imprescindível para demonstrar autoridade e quão confortável você está em se apresentar. A principal dica é manter uma base sólida e postura ereta, com os dois pés fixos no chão e o peitoral aberto.

Em uma apresentação mais longa, você pode andar, e ir falando conforme anda. Mas é preciso manter um ritmo razoável e evitar caminhar demais de um lado para o outro. Terminou de andar? Volte a ficar com os dois pés fixos no chão.

CHECKLIST DA POSTURA CORPORAL
√ Braços e pernas descruzados
√ Pés paralelos
√ Ombros encaixados
√ Quadril encaixado
√ Olhar no horizonte
√ Consciência da coluna
√ Sentir os pés no chão

Muitas pessoas tendem a alternar o peso das pernas, fazer um movimento de pêndulo, ou dar passos curtos de um lado para o outro. Evite. Isso só faz parecer que você está dançando valsa ou forró com sua ansiedade, ou que você mal pode esperar para sair daquela situação. Manter-se firme vai não apenas passar mais confiança para a plateia, como também vai lhe dar mais tranquilidade.

Outro pecado capital é dar as costas para a plateia. Mesmo que você esteja apontando para algo que está atrás de você, prefira, no máximo, assumir um ângulo diagonal brevemente.

E as mãos? Elas devem servir de auxílio para o que você está falando. Não as deixe ficar tímidas demais, nem expansivas demais. Imagine uma caixa que vai da altura do seu pescoço até sua cintura, margeada na lateral pelos seus ombros: esse é o espaço ideal que você deve utilizar para fazer gestos.

É preferível que eles sejam abertos e precisos. Não coloque as mãos no bolso nem cruze os braços ou os coloque na cintura: uma postura retraída impacta negativamente sua conexão com o público.

Eventualmente, você pode sair da caixa imaginária. Por

exemplo, para gestos que expressem crescimento, passado, futuro, ou outros que exijam que você estique um pouco mais os braços. Se você mexer muito, no entanto, com certeza irá distrair a plateia. Cuidado também com sinais bruscos ou duvidosos, que possam passar mensagens diferentes da desejada. Lembre-se ainda de que gestos manuais mudam de significado de acordo com o contexto cultural de quem assiste. Na dúvida, pesquise antes.

Além disso, é importante que suas expressões faciais estejam de acordo com a mensagem que você quer transmitir! Não dá para transmitir uma mensagem alegre e positiva se suas palavras forem animadas, porém seu rosto expressar dúvida ou nojo...

A distração também ocorre com movimentos repetitivos, como ajeitar constantemente a manga da camisa, mexer no anel, no colar, no cabelo, ficar clicando a caneta ou passando qualquer objeto que você tenha consigo de uma mão para outra.

No mais, ignore qualquer regra que eu tenha falado aqui que entre em conflito com algo para o que você queira chamar a atenção de propósito. Se você acredita que vai ajudar a transmitir melhor sua mensagem, faça!

○ **<u>Exercício: Comunicando com as mãos</u>**

Realize os gestos correspondentes a cada um dos termos a seguir:

Firme	Processual
Rico	Ultrapassar
Extravagante	Embaixo
Surpresa	Pequenininho
Imenso	Maquininha de cartão de crédito

E aí, algum ficou muito parecido com outro? Como você os diferenciaria melhor? Não existe necessariamente um gesto certo ou errado, mas é importante reparar em como mudanças sutis de sinais podem ter um grande impacto quanto à mensagem transmitida.

○ <u>Exercício: Comunicando com o rosto</u>

Similar ao exercício anterior, porém usando apenas expressões faciais, tente comunicar as emoções abaixo.

Alegria	Tristeza
Surpresa	Medo
Nojo	Raiva

Pode parecer bobo, mas é bom praticar em frente ao espelho. Muitas vezes achamos que o rosto diz uma coisa, quando diz outra. E se quiser saber o quanto realmente consegue transmitir, chame um amigo para adivinhar a emoção.

Voz

Sua voz deve estar sempre o mais firme possível. Se o nervosismo atacar, naturalmente ela ficará trêmula. Trate de respirar fundo, antes e durante, e fazer pequenas pausas.

Além do efeito calmante e de concentração, respirar tranquilamente ajuda a evitar inconstâncias do discurso e, principalmente, os sons "preenchedores". Você sabe quem eles são: o maldito "ééé" — que tem um irmão, o "ããã". O primo deles é o alongamento de palavras: "Olá pessoaaaaal, hooooooje, eu vim aqui falar deeeeee...".

Esses sons quebram a linearidade do discurso. Eles aparecem porque você está pensando no que dizer em seguida, porém podem causar um desconforto tremendo para quem escuta. Em vez disso, faça meio segundo de silêncio e respire. Será mais eficaz para prender a atenção da audiência e ninguém vai achar que deu branco.

Além disso, altere seu tom de voz em alguns momentos para dar ênfase a certas palavras. Voltando ao exemplo do professor que dava sono: ele só parecia chato porque mantinha sempre o mesmo tom e volume. O ideal é alternar entre altos e baixos; ao contar um segredo, sussurre; ao lançar um nome diferente, fale quase gritando. Isso faz com que sua plateia interaja melhor com você, ainda que ela não esteja dizendo nada.

É fundamental ainda que você não fale nem rápido nem devagar demais, para que isso não afete sua clareza.

Em suma, atenção a dicção, velocidade, ritmo e entonação (para que não atrapalhem o significado do que você quer transmitir). E o que eu costumo dizer que é o mais importante neste tema: tenha um sorriso na voz. Se ela transmite energia e entusiasmo, certamente a plateia vai se conectar.

○ **Exercício: aquecimento**

Falar também exige esforço físico, principalmente se for por muito tempo. Não é muito diferente do que você faria antes da academia, da corrida ou da natação: precisa aquecer os músculos. Isso vale tanto para a região mandibular quanto para a língua e as cordas vocais.

Aqui vão três dicas para você se preparar.

1) Alongar cabeça e pescoço

Vire a cabeça gentilmente de um lado ao outro, de cima a baixo e em círculos. Encoste uma orelha no ombro, coloque a mão sobre a orelha oposta e deixe o peso do braço esticar a lateral do pescoço. Repita do outro lado. Faça outros exercícios que você conheça até que a região esteja bem alongada.

2) Rotacionar a língua

Autoexplicativa e ajuda muito a soltar. Mova a língua em círculos pelo menos dez vezes para cada lado.

3) Rrrrrrrr + vogais

Esse pode ser mais desafiador para quem não consegue fazer o Rrrrrr com a língua (como os falantes de espanhol) de primeira, mas isso vem com a prática! Adicione A, E, I, O, U ao som do R.

Rrrrrraaa

Rrrrreee

Rrrrriii

Rrrrrooo

Rrrrruuu

Repita três vezes para cada vogal.

○ **Exercício: inspire, expire, não pire**

Relaxar é parte importante da preparação da voz. Para os dois primeiros exercícios, você deve estar de pé:

1) Coloque uma mão no peito. Inspire fundo, enchendo os pulmões. Segure o ar por 4 segundos. Solte o ar lentamente, murchando o peito e dizendo "aaa" continuamente.

2) Faça o mesmo, agora com a mão na barriga. Inspire fundo, de forma que sua barriga infle e sua mão seja empurrada para frente. Segure o ar por 4 segundos. Solte o ar lentamente, murchando a barriga e dizendo "aaa" continuamente.

Sentiu diferença em cada situação? Ainda que você não a perceba de imediato, ela é grande.

O primeiro tipo de respiração, chamada respiração alta ou costal, é o tipo de respiração de quem está fazendo um exercício físico intenso e de quem está sob pressão. Nela, os movimentos são superficiais e há maior número de inspirações e expirações, já que entra menos ar em cada movimento. O resultado é tensão muscular e um acúmulo de ar pobre em oxigênio.

Já o segundo exercício corresponde à respiração abdominal. Geralmente, é assim que respiramos quando estamos calmos. Utilizando o abdômen, controlamos melhor o movimento de entrada e saída do oxigênio no corpo e somos capazes de diminuir estados de alarme, e até mesmo projetar melhor a voz.

3) Ênfase. Leia cada frase enfatizando cada uma das diferentes palavras que as compõem:

- Como você conseguiu isso?

- Duvidei da sua capacidade

- De que maneira?

- Que p*rra é essa?

Ex.:

Como você conseguiu isso?

Como *você* conseguiu isso?

Como você *conseguiu* isso?

Como você conseguiu *isso*?

A frase muda de sentido a cada leitura? De que maneira?

4) Pausa e entonação

Leia a frase abaixo em voz alta, o mais rápido possível:

♦ Maria-mole é molenga, se não é molenga, não é maria-mole. É coisa malemolente: nem mala, nem mola, nem maria, nem mole.

Leia novamente, agora fazendo pausas onde há barras e dando maior entonação às palavras em negrito:

♦ Maria-mole é **moleeenga,** / se não é molenga, **não** é maria-mole. / É coisa **ma-le-mo-len-te:** / nem mala, nem **mola,** nem maria, / **nem** mole.

Qual leitura parece mais interessante?

Olhar

Estabelecer contato visual é o maior ato de vulnerabilidade (e coragem) de uma apresentação em público. E também o mais difícil. Contudo, é o que manterá você presente, próximo e permitirá uma ligação com seus interlocutores. É o que dirá "reconheço vocês aqui, sei com quem estou falando. Vocês são o mais importante, não eu".

Se você ainda não consegue olhar nos olhos das pessoas, olhe ligeiramente acima da testa delas. Não olhe nem para a parede, nem para o teto, nem para o chão. Manter a cabeça baixa, por exemplo, é um convite para ignorarem você. Atenção também ao olhar fugidio, que vai de cima a baixo, de um lado a outro constantemente, sem ponto fixo. Olhe para as pessoas, mesmo que não nos olhos delas.

Por outro lado, se manter contato visual não é um problema para você, tome cuidado para não focar em apenas um indivíduo. Ele ficará acuado, desconfortável. O ideal é abraçar a plateia inteira com o olhar, da pessoa que está mais à esquerda até a que está mais à direita.

Para lembrar:

- Manter a atenção da sua plateia já é difícil o suficiente, não a distraia mais sem necessidade.

- O que você veste e como você se apresenta esteticamente comunicam algo.

- Postura ereta, dois pés no chão, caminhada eventual e gestos sem exageros são sempre bem-vindos.

- Respiração e voz são interligadas. Pause quando necessário e evite preencher silêncios com alongamentos de palavras.

- Faça contato visual com a plateia — mostre-se presente.

5. FORMA VERBAL

Quando fui professor no Insper, lecionei uma disciplina em que ensinava diversos aspectos do empreendedorismo. Como projeto que guiava as aulas, os alunos precisavam conceber um produto ou serviço e criar um negócio em torno dele.

Em alguns semestres, nosso tema era desenvolver soluções para a população de baixa renda de São Paulo. Juliano era um dos meus alunos. O grupo dele conversou com pessoas em situação de rua e identificou que um problema que todos tinham em comum era o frio, especialmente à noite. Mas, como muitas vezes durante o dia precisavam deixar o local onde dormiam, mantas e agasalhos pesados não eram a solução mais prática. Além disso, eventualmente precisavam também levar consigo o que tinham.

Assim, nasceu a Quelô, de nome com origem nos quelônios – o grupo do qual faz parte a tartaruga. A inspiração foi seu casco. O produto era um casaco impermeável que poderia ser convertido em mochila.

O grupo do Juliano fez tudo: criou logomarca, confeccionou camisetas, usou um papel diferente para os materiais impressos, desenvolveu o protótipo de um aplicativo para atrair investidores e doadores.

No dia de apresentarem os resultados, foram vestidos com o produto e distribuíram os materiais entre os espectadores.

Tudo estava indo muito bem. No meio da apresentação, muitos dos que estavam assistindo começaram a vestir seus casacos. Juliano fez o comentário:

— Está frio, né?

A plateia concordou.

— Pois é, nós pedimos para o Insper diminuir a temperatura do ar condicionado. Mas que bom que vocês têm um casaco para vestir. O pessoal em situação de rua não tem. Nós queríamos que vocês sentissem um pouquinho da dor que eles sentem. A diferença é que eles não conseguem resolver assim tão facilmente.

O silêncio reinou. Eu fico arrepiado só de lembrar do impacto desse momento. Foi uma das melhores apresentações que eu já vi como professor. Eles conseguiram orquestrar a narrativa de uma maneira que nos levou em uma viagem emocional cheia de empatia. E a execução foi precisa, tanto no conteúdo quanto na forma. Eles haviam treinado muito na véspera da aula para que isso acontecesse.

O verbal e o não verbal estão intimamente ligados em uma apresentação. Quase não faz sentido separá-los em dois capítulos, mas, já que acabei separando, tenhamos isso em mente: de pouco adianta ter uma história incrível se ela é mal contada. De pouco adianta contar super bem uma história sem uma boa construção de narrativa com propósito.

O que Juliano e seu grupo fizeram foi casar muito bem esses dois lados, pensando em toda a jornada da plateia: cada etapa da história, o tempo delas, a progressão dos sentimentos conforme novas informações eram reveladas.

Eles se colocaram no lugar público no processo de criação. Pegaram cada um pela mão e os levaram para que dessem passos juntos ao longo da apresentação. Queriam provocar emoções específicas em momentos certeiros.

Eles planejaram tudo. E é no planejamento que tudo começa.

Planejamento

Por onde começar?

Assim que você tem um tema, é indispensável delinear as premissas que vão ajudar a guiar suas decisões. Eu gosto sempre de começar pelos 5 Ps:

- Propósito

Você quer informar, persuadir ou entreter? Você está dando uma aula, realizando uma venda ou uma performance?

- Público

Com quem você está falando e qual a melhor forma de obter a atenção da sua plateia? Tenha os componentes da escutatória e da empatia sempre presentes aqui também: contexto sociocultural, bagagem, momento...

- Proveito

O que as pessoas ganham com sua apresentação? Qual o interesse delas?

- Proposição

Se você pudesse resumir sua apresentação em apenas uma frase, que frase seria essa?

- Pontos proveitosos

Quebre sua proposição em pontos proveitosos, para então estruturar sua apresentação.

Com essas perguntas respondidas, você tem uma base mais sólida. A partir dela, você vai criar sua narrativa.

Estruturação

Se você pensa em qualquer filme de Hollywood, existe uma estrutura básica. Tudo começa com uma apresentação dos personagens e do mundo onde vivem. Depois, vem a introdução do problema. Logo, vem a crise: a mensagem principal, onde tudo acontece. Então, vem a resolução.

Nos anos 1980, Barbara Minto[13], uma das primeiras sócias da consultoria McKinsey, quis reorganizar essa lógica. Ela

---

13. *The Mind Pyramid Principle*. Disponível em: http://www.barbaraminto.com/. Acesso em: 6 dez 2020.

criou o princípio da pirâmide, um processo de reflexão que serve como uma ferramenta para a comunicação efetiva.

O planejamento com base no princípio da pirâmide começa com a crise. Sua tese, ou hipótese para a resolução, está no topo. E, muitas vezes, no caso de uma apresentação, é ela que abre. Assim, você oferece logo o que tem de mais crucial. Isso dá a chance de comunicar a importância do que você está expressando e engajar seu interlocutor imediatamente.

No meio da pirâmide, com base nessa hipótese, você desenvolve entre 3 e 7 argumentos. Então, na base, você deve mostrar dados ou descobertas concretas que deem suporte a cada um desses argumentos. Esquematizado, fica assim:

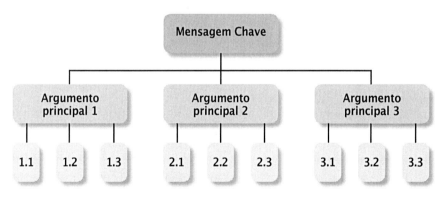

Acontece que muitas pessoas começam suas apresentações pela contextualização, contando todo o processo de exploração, ou os detalhes em volta do problema. Contexto é bom, não me leve a mal. Mas, quando você faz a plateia esperar demais até ter acesso ao que importa, pode perder sua atenção, confundi-la ou causar discordância antes mesmo de conseguir chegar ao seu ponto principal.

Barbara Minto sugere essa estruturação também para que você possa agrupar todas as informações que possuir em blocos que tenham conexões e ordem lógica. É uma forma de afiar seus argumentos e oferecê-los com uma linha de raciocínio que seja mais facilmente acompanhada pela plateia.

No entanto, essa estrutura, quando seguida à risca com a tese no início, obviamente funciona apenas para certos tipos de apresentação. Ela é bastante recomendada para um *pitch* para investidores, apresentação de vendas ou outros tipos de discurso argumentativo. Já em filmes de Hollywood, a não ser em casos de roteiros brilhantes, começar pelo final é receita para fracasso de bilheteria.

É por isso que, preenchida a estrutura, decidimos a hierarquia da apresentação, isto é, a ordem de cada nível. Ela pode ser *top-down* (de cima para baixo) ou *bottom-up* (de baixo para cima).

Um exemplo famoso nos ajuda a ilustrar a estrutura de Barbara na hierarquia *bottom-up*, de baixo para cima:

Um estudante do ensino fundamental ganhou um prêmio por salvar um colega que estava se afogando. Um professor ligou para os pais da criança premiada, em nome da escola:

— Seu filho estava caminhando na beira do rio hoje.

Os pais ficam inquietos.

— A maré estava alta e a correnteza estava forte.

Eles começam a entrar em desespero.

— Então um de seus colegas caiu na água.

— E o que aconteceu?!, querem saber os pais.

— Seu filho pulou no rio para salvar o colega.

Os pais, a essa altura, estão à beira de um ataque de nervos.

— Por favor, diga o que houve com nosso filho! Ele está vivo?!

— Não entrem em pânico. Seu filho salvou o colega. Estou ligando apenas para dar os parabéns e avisar que ele ganhou um prêmio de jovem herói pelo seu ato de coragem.

É óbvio que os pais quase infartaram enquanto escutavam a quantidade de detalhes antes da informação mais crucial. Se o professor tivesse começado pela notícia do prêmio, não teria havido nenhum mal-entendido ou preocupação.

No caso acima, gerar tensão é apenas cruel. Só que essa tensão pode funcionar a seu favor se o que você quer é criar suspense e deixar os espectadores na beirada do assento, esperando para escutar a resolução da sua história.

Em uma apresentação, você decide onde vai a conclusão. Mas precisa trabalhar muito bem a lógica do que apresenta, caso deixe a conclusão somente para o final. O que a sua estrutura deve ter é uma ligação clara entre os argumentos e os dados de suporte. Uma boa conexão permite um processo de indução, no caso de uma hierarquia *bottom-up*, que também pode envolver processos de dedução, quando são conectados argumentos paralelos.

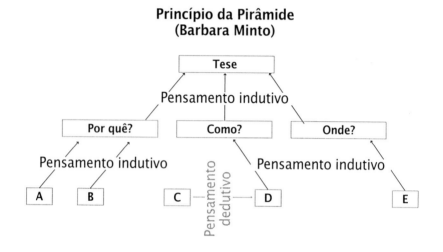

Fonte: adaptado de https://www.12manage.com/methods_minto_pyramid_principle.html

Em contrapartida, se você tem seus tópicos navegando entre meio, base, topo, base, meio, meio de novo, argumento 3, depois o 2, então o 5 e de volta para o 3, o público se perde. Se você não tem hierarquia, sua mensagem não vai ser bem entendida.

Pense nesses pontos antes de escrever a apresentação: desenhe uma estrutura, organize seus argumentos, monte a ordem lógica. Pergunte-se por que e como, traga dados. Então, recheie tudo com histórias.

Storytelling

Tem um motivo pelo qual eu comecei este capítulo com a história da Quelô. Existe intenção por trás de Julio Maluco e as aulas de biologia. E eu não escrevi sobre o meu casamento na Introdução só para declarar meu amor pela Carolinne (mas isso também!).

Histórias são o melhor instrumento de conexão com o outro. Elas transmitem a cultura e os valores que unem as pessoas. Elas obrigam quem escuta a entrar naquela situação e se imaginar no lugar de sujeito de determinadas ações.

Criam, portanto, familiaridade e empatia. Assim, podem também provocar reações físicas. É o coração que acelera, as pupilas que dilatam, os pelos do braço que eriçam ou o frio na barriga que vem sem aviso. Não só isso, elas conseguem estimular a liberação de hormônios. São eles que provocam a plateia a investir sua atenção, em geral buscando uma recompensa com efeito sensorial.

Dopamina? Crie um gancho, construa suspense, deixe que seu público gere expectativas.

Endorfina? Faça-os rir. A sensação os faz sentirem-se criativos e relaxados.

Oxitocina? Compartilhe suas vulnerabilidades, lembre a eles de que somos todos humanos, facilite a confiança em você.

Além disso, é mais fácil lembrar sequências de fatos do que pontos separados. Histórias facilitam o aprendizado, a retenção do conhecimento e o convencimento. Mais ainda quando nos conectamos emocionalmente.

○ O projeto dos objetos significativos

Em 2009, o jornalista Rob Walker queria descobrir se histórias são mesmo assim tão poderosas. Como experimento, criou o projeto Significant Objects[14] e comprou 100 objetos aleatórios em brechós e vendas de garagem. Cada um custou algo entre um punhado de centavos e um punhado de dólares. Em média, US$ 1,25.

Com isso, convidou 100 escritores. Cada um deveria escrever uma história ficcional para um objeto designado. Os objetos foram então listados para venda no eBay, só que, em vez de uma descrição factual, foi adicionado o texto narrativo. Ele não era passado como verdadeiro — a intenção nunca foi enganar compradores, e sim testar se, além de valor subjetivo, uma história também poderia agregar valor concreto.

"Este é um ícone de Saint Vralkomir de Dnobst do século XIV, o padroeiro da dança extremamente rápida", dizia um dos anúncios[15]. "Feito à mão em um convento coberto de neve pelas Irmãs de pés ágeis da Ordem Vralkomiriana, foi dado à minha avó — então uma menina de nove anos — quando ela embarcou no navio que a levaria para a América, saindo de Dnobst..."

---

14. *Significant objects... and how they got away*. Disponível em: https://significantobjects.com/. Acesso em: 6 dez 2020.

15. *Russian Figurine*. Disponível em: https://significantobjects.com/2009/08/25/russian-figure/. Acesso em: 6 dez 2020.

O objeto não passava de um boneco bigodudo de plástico, mas a descrição deu vida ao suposto Saint Vralkomir e contou como seus pés se moviam tão acelerados sobre a madeira que faziam faíscas. Quando o czar baniu o fogo em seu vilarejo, Saint Vralkomir foi responsável por acender fogueiras e manter os aldeões aquecidos.

"O barbudo dançou durante todo o inverno, dizem, já que ninguém mais na aldeia poderia duplicar sua façanha de ignição terpsicoriana, e ele morreu de exaustão em meados de abril, um mártir amado. Alguns dizem que ele costurou pederneiras contrabandeadas nas solas; outros afirmam que ele acendeu o fogo apenas com a dança. Minha avó preferia o último, e eu também."

Saint Vralkomir foi o objeto vendido pelo maior preço: US$ 193,50. Rob Walker pagou, originalmente, 3 dólares por ele.

Sua tese, claro, foi comprovada. O que era insignificante ganhou significado. Somando os 100 objetos, a primeira versão do projeto transformou um custo de US$ 128,74 em uma receita de US$ 3.612,51 — que foi inteiramente distribuída entre os escritores.

Então esses 100 compradores foram feitos de tolos? Manipulados? Iludidos?

Isso certamente está aberto a debate, mas os autores tomaram cuidado para que nada fosse afirmado como realidade. Nossa mente acredita e se identifica com o que quer. E quanto mais emocionalmente investidos estamos, menos críticos e objetivos nos tornamos. Sentimos mais do que pensamos.

Fazer sentir é um poder que histórias dominam.

Em suma, você já entendeu que uma boa história é importante, mas agora deve estar se perguntando "como faço então para contar uma boa história?". Para isso existem algumas técnicas, mostradas a seguir.

Arcos narrativos

Todo mundo já ouviu falar que toda história tem começo, meio e fim. Em geral, isso quer dizer que ela deve seguir a estrutura em três atos observada por Aristóteles há mais de dois mil anos: apresentação, crise e resolução. Aquela mesma que comentamos que é seguida pela maioria dos filmes de Hollywood.

Entretanto, desde então, o mundo tem preenchido esses três atos de inúmeras maneiras, embaralhando-os ou separando-os em mais etapas.

O conjunto de eventos de uma história, comumente dividida em atos, é chamado de arco narrativo. Você pode pensar nele como uma linha, que ganha picos e vales conforme a tensão aumenta ou diminui. Não existe regra ou desenho correto. Arcos narrativos podem assumir diversos formatos.

O romancista Gustav Freytag, por exemplo, acreditava na

estrutura dramática de cinco atos[16]: exposição, ação crescente, clímax, ação decrescente e resolução.

Já o mitologista Joseph Campbell, com sua celebrada Jornada do Herói[17], manteve os três atos — porém os dividiu em 18 fases, depois simplificadas pelo roteirista Christopher Vogler[18] em 12 fases:

1. Mundo Comum: uma apresentação da vida do protagonista como ela sempre foi e do problema que ele enfrenta.

2. Chamado à Aventura: esse mundo comum fica balançado porque surgiu uma grande oportunidade, desafio ou dilema.

3. Recusa do Chamado: o protagonista enfrenta alguma hesitação ou barreira em aceitar a aventura.

4. Encontro com o Mentor: ele encontra a coragem ou motivação para encarar a aventura, por conta de uma pessoa ou entidade que toma a forma de um mentor ou guia.

5. Travessia do Primeiro Limiar: o primeiro passo em direção à aventura, os últimos momentos no Mundo Comum antes de atravessarem para o mundo especial.

---

16. FREYTAG, Gustav. *Freytag's Technique of the Drama:* An Exposition of Dramatic Composition and Art. Chicago: Scott, Foresman and Company, 1894.

17. CAMPBELL, Joseph. *O Herói de Mil Faces*. São Paulo: Pensamento, 1997.

18. VOGLER, Christopher. *A Jornada do Escritor:* estruturas míticas para escritores. Rio de Janeiro: Nova Fronteira, 1998.

6. Testes, Aliados, Inimigos: o personagem encontra os primeiros obstáculos, e conhecemos quem ou o que está a favor e contra ele alcançar seus objetivos.

7. Aproximação da Caverna Oculta: começa a se aproximar de seu maior desafio e a sofrer sua transformação, conforme começa a confrontar seu problema.

8. Provação: o protagonista é obrigado a superar seus medos e ficar frente ao seu maior desafio. Este é só o meio da história.

9. Recompensa: vencida a Provação, ele recolhe sua recompensa — um objeto, ferramenta, um tesouro ou habilidade nova — que serve de ajuda no resto do percurso.

10. Caminho de Volta: vai atrás de seus objetivos, desta vez mais bem equipado.

11. Ressurreição: a batalha final, em que utiliza tudo que aprendeu e adquiriu para conquistar seus objetivos.

12. Retorno com o Elixir: volta ao Mundo Comum, como personagem transformado por tudo que viveu ao longo da jornada.

A Jornada do Herói é bastante utilizada na literatura e no cinema modernos, por isso vale descrevermos um pouco do que ela compreende. Vamos tomar Harry Potter como exemplo.

Seu mundo comum começa com um quarto debaixo das escadas e tios que o tratam mal. Porém, em seu aniversário de 11 anos, Harry recebe um chamado à aventura: a carta de Hogwarts — ou várias delas, que a família esconde. É quando Hagrid vai convocá-lo pessoalmente. A recusa ao chamado existe, Harry hesita em aceitar que é bruxo, mas não por muito tempo.

Hagrid acaba se tornando um mentor, e o menino vive a travessia do primeiro limiar quando embarca na Plataforma 9¾ e sobe no Hogwarts Express. Ele passa por alguns testes até entender quem são seus maiores aliados (Rony e Hermione) e ganhar um novo mentor (Dumbledore). No primeiro livro, com o objetivo de recuperar a pedra filosofal, também descobre inimigos e desenvolve habilidades a cada desafio para enfrentar o maior deles: Lord Voldemort. É após essa ressurreição que ele amadurece como bruxo e se torna mais preparado para derrotá-lo.

Arcos narrativos são aplicados principalmente em ficção. Mas nada te impede de levar seu público em uma jornada, ou de organizar a estrutura das histórias na sua apresentação de acordo com o que você quer que o público sinta.

Com esses diferentes formatos em mente, a escritora Nancy Duarte[19] nos provocou: "Se as apresentações tivessem uma estrutura ideal, qual seria?". Ela começou a estudar as palestras mais icônicas da história, de oradores como Martin Lu-

---

19. DUARTE, Nancy. *The secret structure of great talks*. Disponível em: https://www.ted.com/talks/nancy_duarte_the_secret_structure_of_great_talks. Acesso em: 06 dez 2020.

ther King Jr. e Steve Jobs, e percebeu um padrão em comum: a comparação entre uma situação atual e o que ela poderia se tornar.

Essa comparação, diz Nancy, transporta a plateia para esse cenário futuro. E o contraste precisa ser o maior possível, para exacerbar a superioridade da sua ideia. "Aqui está o problema, e aqui está como o eliminamos. Aqui a barreira que te impede de viver a melhor vida possível, e aqui está sua vida depois que derrubarmos essa barreira."

Conforme essa lacuna é ampliada e reforçada, o público começa a se alinhar (ou não) e reagir: "É este o futuro que eu quero?".

Mas a resistência é normal, portanto o jogo entre "o que é" e "o que poderia ser" deve ser constante. E cada pedaço desse discurso é uma cena, uma mini-história. Talvez algumas pessoas amem alguns do "o que é" que você apresente, e "o que poderia ser" não parecerá tão atraente nesses casos. É por isso que temos que ir e voltar, apresentar outras cenas de exemplo que sirvam de argumento. Quanto mais a plateia é convencida, mais animada e emocionalmente engajada ela fica.

Depois de realizar esse movimento algumas vezes, vem o momento decisivo: a chamada final. E seja o que for, nunca termine com "então, é isso", ou a variação "então, essa foi minha apresentação". Essas frases são uma oportunidade perdida, um descrédito a tudo que você acabou de dizer. "Então, é isso" é quase um "Ufa, acabei, estou livre."

No modelo proposto por Nancy, o final precisa descrever o cenário futuro como um novo êxtase. "Esta é a utopia que a adoção da minha ideia vai criar". "É assim que o mundo vai ficar quando nos unirmos e resolvermos este grande problema".

Nem sempre encontraremos esse encaixe. Sendo assim, em uma abordagem mais objetiva, eu proponho três outras possibilidades:

1. Frase inspiradora, mensagem otimista ou sonho: terminar a apresentação com uma frase de efeito chama a atenção da plateia, pois a deixa maravilhada e com sensações positivas.

2. Pergunta de reflexão: uma pergunta de reflexão estimula a plateia a pensar como o que você falou vai impactar a vida dela.

3. Chamada para ação (CTA): "visite meu *site*", "te vejo no meu *stand*", "continue me acompanhando no Instagram", "vamos tomar um café?" são alguns exemplos de chamadas para ação eficazes, que ajudarão a fazer com o que o público execute a ação que você deseja.

O final é essencial para que a plateia dê o próximo passo ou, no mínimo, lembre-se da sua mensagem. É importante deixá-la com "gostinho de quero mais".

Evitar maneirismos e vícios de linguagem

Todos nós temos vícios de linguagem. "Né", "tá", "veja bem", "enfim", "tipo", "tipo assim", "assim", "cara", "vamos dizer", "de fato", "na verdade", "no caso", "basicamente", "sabe?", "no que se refere", "não (no início da frase)"...

O próprio "é isso" para terminar uma fala, como acabamos de apresentar, é um vício.

Na maioria das vezes, eles aparecem e nós nem percebemos. O primeiro passo para superá-los, portanto, é conhecer os nossos vícios. Que tal gravar-se falando e identificar as expressões que mais se repetem ou atuam como interjeições?

Além das já citadas, algumas outras são problemáticas. "Na verdade", por exemplo, é minha favorita — ela pressupõe que tudo que foi falado até o momento era mentira; na verdade, o que vale é o que vou começar a falar agora. Vejo muito também "bem", "bom" e "então" sendo usados para começar várias frases. O "então", sendo um advérbio de tempo ou uma conjunção conclusiva, é especialmente descabido: se nada foi dito ainda, não há o que concluir. Procure remover todos esses do seu discurso!

Por falar nisso, é importante eliminar também quaisquer expressões autodepreciativas: "boa noite, vim aqui falar um pouquinho sobre..." não é jeito de começar uma fala. Você não veio falar "um pouquinho sobre", você veio dar o *show* da sua vida! "Queria pedir desculpas porque estou um pouco nervoso", "esse *slide* aqui nem devia ter entrado", "vou tentar dar o meu melhor"... com qualquer uma dessas, você diminui sua credibilidade. Ninguém percebe que você está nervoso, ninguém sabia que o *slide* não ia entrar, e você não precisa chamar a atenção para algo negativo sobre você, se isso não diz respeito ao seu conteúdo.

Cuidado sempre também com palavras inapropriadas para o tipo de plateia. Por exemplo, gírias ou palavrões podem entrar despercebidos no nosso discurso. Isso não quer dizer que você não possa usá-los, mas, se o fizer, faça intencionalmente. Garanta que você planejou usar, porque fez sentido naquele contexto, e não simplesmente escapuliu. Cuidado também com muxoxos e manifestações bucais involuntárias.

Você deve atentar também para regionalismos (expressões típicas em determinados lugares), que dificultam a interpretação do público que não está habituado com a expressão, afinal seu objetivo é que todos da plateia te entendam! E também claro, deve prezar pela nossa bela língua portuguesa, principalmente com erros populares, tanto por desconhecimento quanto por falta de treino na dicção, como: gerundismos ("vou estar falando..."), "estou meia cansada", "meio-dia e meio", "iorgute", "pobrema", entre outros.

O regionalismo vai distanciar o público de você e os erros de português reduzirão sua credibilidade, independentemente da robustez com que trata o tema.

Uma vez que ganhamos essa consciência sobre nossos maneirismos, conseguimos nos treinar para suprimi-los quando eles estão por vir. Serve a mesma técnica do "ééé", do "ããã" e do alongamento de palavras: pausa e respira!

É claro que há outros mecanismos para eliminar vícios de vez. Lembro-me, na época do mestrado, de quando uma professora usava o desconforto como método para quando fazíamos alguma apresentação. Sua convidada especial era sempre uma caneta, ou uma garrafa de plástico, que ela batia na mesa com força toda vez que um de nós soltava um "ééé" sem querer, ou qualquer vício parecido.

Era desagradável. Alguns conseguiam não se afetar, outros travavam completamente. Eu, geralmente, me desconcentrava um pouco, olhava para ela, dava risada, porém seguia em frente. E foi fundamental, porque isso sinalizou todos os meus vícios e ficou automático não os cometer.

Ajuda tanto que, hoje, faço o mesmo com (e pelos) meus alunos. Relembro as técnicas, filmo cada apresentação, e bato a caneta na mesa quando o "ééé" aparece (nas aulas online, implantei o sino). Não para ser malvado, mas para acostumá-los a um ambiente de tensão e obrigá-los a estarem alertas.

Quando estamos abertos a nos desenvolver, funciona. Portanto, se você tiver a chance de ter alguém batendo a caneta na mesa por você, recomendo.

Agora que já sabemos o que evitar, vamos também ao que buscar incluir. Você pode também pegar carona em alguns recursos disponíveis para montar uma apresentação marcante e são eles que vamos abordar a seguir.

Recursos narrativos

- Repetições

"Eu tenho um sonho..."

O famoso discurso de Martin Luther King Jr. pelos direitos civis de pessoas negras nos Estados Unidos talvez seja o melhor exemplo de uso de repetições em uma fala.

Nós frequentemente enxergamos conotações negativas associadas a esse recurso. Não queremos ser repetitivos, ficar "batendo na mesma tecla", ou dar a impressão de que não temos vocabulário suficiente. Porém, usada como aparato estilístico, a repetição é um instrumento poderoso para ênfase e retenção. É como dizer à sua plateia quais são as partes mais importantes e onde elas devem focar.

Analisemos MLK: ele usou constantemente as mesmas palavras e frases, para que as pessoas pudessem se lembrar. Fez isso desde o começo, ao longo de todo o discurso.

"Há cem anos, um grande americano, sob cuja simbólica sombra nos encontramos, assinava a Proclamação da Emancipação. Nesse momento, o decreto foi como um raio de luz de esperança para milhões de escravos negros que tinham sido marcados a ferro nas chamas de vergonhosa injustiça. Veio como uma aurora feliz para terminar a longa noite do cativeiro.

Mas, <u>cem anos mais tarde</u>, devemos enfrentar a realidade trágica de que o Negro ainda não é livre. <u>Cem anos mais tarde</u>, a vida do Negro é ainda lamentavelmente dilacerada pelas algemas da segregação e pelas correntes da discriminação. <u>Cem anos mais tarde</u>, o Negro continua vivendo numa ilha isolada de pobreza, em meio a um vasto oceano de prosperidade material. <u>Cem anos mais tarde</u>, o Negro ainda definha à margem da sociedade americana, encontrando-se no exílio em sua própria pátria. Assim, encontramo-nos aqui hoje para dramatizarmos tal consternadora condição."

Avançando um pouco, ele vai e volta, usando outras repetições, em um ritmo mais exaltado. Utiliza sete vezes, em um minuto e meio, frases como "Não estamos satisfeitos", "Não ficaremos satisfeitos", "Não podemos ficar satisfeitos."

A essa altura, a plateia já tinha ido à loucura; então ele tira da manga uma de suas afirmações mais poderosas, que em seguida se destrincha em outras frases poderosas: "Eu tenho um sonho de que, um dia, esta nação se levantará e viverá o sentido da sua crença: 'Tomamos essas verdades autoevidentes de que todos os homens são criados iguais'".

"Eu tenho um sonho" (*I have a dream*, no original) se repete outras oito vezes, para iniciar cada descrição de cenário de um futuro com igualdade racial. Depois, "agora é a hora" (*now is the time*, no original) se repete seis vezes, para reforçar o chamado à ação imediata.

Martin Luther King Jr. gostava bastante da anáfora — quando se usa a mesma palavra ou conjunto de palavras em cada início de frase ou locução.

Porém, as repetições podem tomar forma em frases inteiras, partes de frases, sons ou letras. Por exemplo:

Aliteração — a repetição de sons ou sílabas similares em palavras vizinhas. Todo mundo se lembra de que o rato roeu a roupa do rei de Roma, certo?

Assonância — basicamente uma rima, por se tratar da repetição harmônica de vogais, mas que não necessariamente ocorre no final das palavras. Como nessa música de Lenine: "Meu amor/O que você faria/Se só te restasse esse dia?/Se o mundo fosse acabar/Me diz o que você faria" – repetição das vogais "ia".

Epístrofe — a mesma palavra ou expressão aparece no final de cada oração: "Os animais não são criaturas? As árvores não são criaturas? As pedras não são criaturas?" (Padre Antônio Vieira)

Existe uma infinidade de outras figuras de linguagem que se aplicariam aqui. É preciso usá-las com cautela, ou o discurso inteiro vai soar como um poema. Mas a repetição tem efeito. Quantas vezes seus pais não mandavam você escovar os dentes, quando você era criança, até você finalmente absorver o comando? Se eles mandassem apenas uma vez, você iria? Por isso, repito: use repetições, e as pessoas vão absorver melhor suas ideias.

- **Regra dos 3**

Esse é um dispositivo retórico que a Roma antiga chamava de *tricolon*, que é uma palavra bonita para agrupar elementos em grupos de três. Por motivos difíceis de explicar, o número tem algo de mágico. Faz argumentos soarem mais convincentes, dá ritmo a falas, além de um senso de completude. Ele é naturalmente satisfatório.

Muitas coisas vêm em grupos de três: porquinhos, mosqueteiros, patetas... O padrão pode ser observado em diversos exemplos: "Luz, câmera, ação"; "Comer, rezar e amar"; "Liberdade, igualdade, fraternidade". Na oratória, aparece nas citações mais emblemáticas e nos discursos mais prestigiados:

"Vim, vi, venci" (Júlio César).

"...o governo do povo, pelo povo e para o povo..." (Abraham Lincoln).

"Diga-me e eu esquecerei, ensine-me e eu poderei lembrar, envolva-me e eu aprenderei" (Benjamin Franklin).

Três é também o menor número necessário para criar um padrão ou sequência. Ou seja, "A" e "B" não diz muita coisa, mas "A, B, C" sim. E já percebeu como trilogias são um formato comum? Precisamos de três para observar uma continuação. Porém, quando temos os dois primeiros elementos indo em uma direção determinada, automaticamente buscamos completar com o terceiro indo em uma direção parecida.

Por isso, a regra dos três também é uma ferramenta muito útil no humor: se o terceiro elemento toma uma direção inesperada, pode ter efeito cômico. O primeiro estabelece, o segundo reforça e o terceiro subverte:

É como quando o comediante Dick Van Dike pergunta a seu amigo careca: "Posso oferecer alguma coisa? Um café? Um doce? Uma peruca?".

○ **VAI UMA PIADA?**

Já que estamos falando de humor, uma pergunta que sempre recebo é: usar ou não usar?

Se você tem plena confiança de que vai ser engraçado, eu digo "vai fundo". Fazer uma plateia rir é uma manobra quase garantida para conquistar atenção e corações. Mas precisa ter certeza, porque, se não cair bem, pode contar pontos contra você e seu conteúdo.

Evite piadas às custas dos outros: se for fazer graça de alguém, que seja de você próprio. Auto-humor é uma estratégia segura, e que eu mesmo uso bastante (a careca tem suas vantagens)!

Mas e se não rirem, qual o plano B? Na minha opinião, a melhor abordagem é deixar pra lá e seguir com a programação normal.

Em geral, o efeito mágico da regra dos três ocorre principalmente quando frases ou palavras usadas têm tamanho ou estrutura gramatical similares. Se a construção está em equilíbrio, somos compelidos a acreditar que o pensamento tem equilíbrio. E ela pode ainda se combinar às táticas de repetição. Voltamos ao discurso de Martin Luther King Jr., que ao final cita um trecho de uma música:

"Livres, enfim! Livres, enfim! Louvado seja Deus Todo-Poderoso. Estamos livres, enfim!"

- **Enumeração**

Aqui vai um segredo: todo mundo, às vezes, tem preguiça de pensar. Transformar seus argumentos em listas é fazer o favor de organizar, por elas, os pensamentos das pessoas na plateia.

A enumeração torna qualquer informação mais simples de consumir. E não precisa ser só em grupos de 3. A enumeração permite comunicar um ponto contando, de forma estruturada, outros pontos relacionados a ele.

Ela pode — e deve — ser utilizada para dividir uma ideia em partes e detalhes, incluindo causas, efeitos, problemas, soluções, condições e consequências.

Dizer os números em voz alta ajuda a guiar sua linha de raciocínio e o da plateia. Eles nem mesmo precisam aparecer próximos uns aos outros. Sua apresentação inteira pode ser uma lista. Só preste atenção para retomar ou recapitular pontos anteriores, caso ela seja longa.

- **Metáforas e analogias**

Em média, numa conversa informal, nós usamos quatro metáforas a cada minuto. Elas estão presentes nas expressões mais comuns que você possa imaginar.

"Esse cara é um gato."

"Eles são todos farinha do mesmo saco."

"Essa é só a ponta do iceberg."

"Nossa, que burro..."

"Essa menina vai ser uma estrela!"

Uma metáfora é uma figura de linguagem em que um objeto, ideia ou situação é utilizado para se referir a algo completamente diferente. É dar um significado novo, distante do significado literal.

De forma semelhante, a analogia conecta os sentidos de conceitos diferentes, porém ela pede explicação. Para fazer uma analogia, precisamos encontrar os pontos de semelhança entre as ideias comparadas.

É como Ronald Reagan, ex-presidente dos EUA, dizendo que o governo é como um bebê: cheio de apetite, mas sem nenhum senso de responsabilidade. Ou quando reclamamos que algo é tão difícil como procurar uma agulha no palheiro.

Martin Luther King Jr. também usa várias ao longo do seu discurso. Por exemplo, quando diz que os EUA deram à população negra um cheque sem fundos, quando prometeram que ela teria os mesmos direitos que a população branca.

Quando usada da forma correta, uma metáfora ou analogia pode adicionar mais detalhes e complexidade a uma descrição, só que de uma maneira simples: usando um conceito que a plateia já conheça. Em geral, metáforas e analogias permitem que as pessoas entendam mais rapidamente uma ideia ou emoção. Além disso, faz com que usem a imaginação e criem uma imagem na cabeça, o que normalmente também as ajuda a lembrar daquela informação.

- **Perguntas**

Perguntas têm uma função principal: fisgar e manter a atenção.

A maioria delas provavelmente será retórica, ou seja, não exigirão resposta da plateia. Você pode respondê-las você mesmo, ou não.

Às vezes, as perguntas servem apenas para despertar aquele sentimento de "estão falando comigo?". Se alguém se distrair brevemente, uma pergunta pode puxá-los de volta. E ela não precisa ser muito inteligente — você pode facilmente transformar afirmações em questões, como pedindo uma confirmação mental. Simples, não? Notou como funciona?

Outro momento oportuno para uma pergunta é ao introduzir um tópico que vai ser apresentado em seguida. Serve para propor um problema, ou uma dúvida comum. E a resposta pode concordar, discordar, ou relatar novas informações sobre ela. "Então dito isso, quem ganharia numa briga, o Super-Homem ou o Batman? Segundo pesquisas, 70% dos habitantes de Metropolis e 55% dos habitantes de Gotham City acreditam que…"

Em outro cenário, você pode convidar o público a uma reflexão, sem necessariamente conectar sua pergunta com o que vem a seguir. "E se a briga fosse entre Clark Kent e Bruce Wayne? E será que, seja no uniforme de super-herói ou na forma humana cotidiana, eles brigariam?" A ideia é fazer o público pensar. Transportá-los para um estado de consciência específico, em que eles estejam investidos no assunto.

No entanto, você pode também fazer perguntas que pedem uma resposta: "Levantem as mãos: quem aqui acha que o Super-Homem venceria?". Você não está conduzindo uma pesquisa de mercado. Logo, as respostas não importam tanto assim, e muitas vezes você já vai saber o resultado de antemão. Mas continua sendo uma boa forma de engajar a plateia, reter sua atenção, e às vezes até fazê-los sentir parte de algo, como "olha só, muita gente aqui pensa como eu".

Cuidado apenas para não se colocar em uma situação em que pouca gente ou ninguém responda à sua pergunta. Ou ainda, em que respondam de maneira que você não esperava.

Prefira circunstâncias em que você possa antecipar reações o máximo possível, ou pode acabar ficando em uma saia justa.

○ **<u>Exercício: crie sua própria jornada</u>**

Utilize os 5 Ps e a estrutura narrativa da Jornada do Herói para construir uma apresentação sobre sua própria jornada de vida. Concentre-se em um desafio específico que você precisou enfrentar, ou oportunidade que você recebeu. Quem foram seus mentores, inimigos e aliados (tanto humanos quanto no sentido figurado) nesse caminho? Quais lições você aprendeu, que se encaixariam no tópico de "Proveito" dos 5 Ps?

Especifique uma audiência e faça uma apresentação sob medida para eles. Apresente, se possível, utilizando tudo que você leu até agora. E ao final, peça *feedback*!

Para lembrar:

- De pouco adianta ter uma história incrível se ela é mal contada e de pouco adianta contar super bem uma história que não tem um conteúdo relevante.

- O planejamento é indispensável. Coloque-se no lugar dos seus espectadores e comece pelos 5 Ps para construir as bases da sua estrutura narrativa.

- Construa pontos argumentativos em formato de pirâmide e siga uma hierarquia de acordo com seu objetivo — por exemplo, criar suspense ou um processo de convencimento.

- Rechear sua apresentação de histórias ajuda a engajar a plateia e fazer com que ela se lembre. Utilize arcos narrativos e experimente encaixar causos na jornada do herói.

- Comece a reparar em seus próprios maneirismos e peça ajuda para corrigi-los se preciso.

- Recursos como repetições, regra do 3, enumeração, metáforas, analogias e perguntas dão suporte a apresentações marcantes.

- Nunca jogue fora a oportunidade de um bom desfecho.

6. PREPARAÇÃO

Quando você faz uma apresentação, você tem três principais caminhos a seguir, dentro de um espectro que considera o nível de planejamento e de memorização:

1: Improvisar

2: Seguir uma estrutura

3: Seguir um roteiro exato — o que te leva a outras 3 opções:

    3A: Ler o roteiro

    3B: Memorizar superficialmente

    3C: Memorizar com precisão

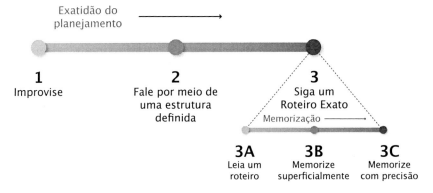

Fonte: Adaptado de *Doing a TED Talk: The Full Story* | Tim Urban | Wait but why[20]

---

20. *Doing a TED Talk: The Full Story* | Tim Urban | Wait but why. Disponível em: https://waitbutwhy.com/2016/03/doing-a-ted-talk-the-full-story.html. Acesso em: 06 dez 2020.

Vamos analisar aqui cada uma dessas possibilidades, levando em conta 3 fatores: a apreensão de quem fala, o potencial tédio da plateia, e quão difícil é se preparar.

1) Improvisar

Já tratamos desse formato no capítulo 3, então sejamos objetivos: escolha esse método apenas se sua autoconfiança for blindada, se você entender muito do assunto e de oratória, e se você estiver diante do público certo, em um estado mental favorável.

Claro que você pode usar as estruturas mentais que mencionamos antes se você não tiver recebido nenhum aviso, mas se você tem a chance de se preparar e não o faz, o risco é altíssimo. Sendo assim, prefira improvisar em situações casuais, íntimas e/ou espontâneas. Se você tem algo a perder, pelo menos pense no que vai falar antes.

2) Seguir uma estrutura

Esse é o meio termo entre o despreparo e o roteiro. Em geral, uma boa zona onde se posicionar: uma lista de tópicos, ideias claras sobre como encadeá-las, mas nada de frases prontas. Ou seja, se você fizer a mesma apresentação 10 vezes, terá 10 versões de uma mesma apresentação. Essa é uma das formas de evitar soar como um robô, mas também assegurar que todo o conteúdo se encaixa.

Para se sair bem aqui, você deve estar confortável com o que vai falar — talvez até ensaiar 10 vezes, mesmo. Se você tem piadas, citações ou mensagens-chave que queira incluir, vale adicioná-las aos tópicos e treinar para não perder o momento ideal. Voltar a elas faria você perder a linha de raciocínio.

Além disso, tenha muito bem treinados o início, as transições e o final. Se você vai seguir tópicos, pelo menos seja mais detalhista nessas partes. Saiba especificamente como amarrar esses tópicos com ganchos que permitam que tudo faça sentido. E lembre-se: nada de "vim aqui falar um pouquinho" para abrir nem "é isso" para fechar!

Normalmente, seguir uma estrutura oferece o melhor equilíbrio entre risco, tédio e dificuldade na preparação: comparativamente, são todos baixos.

Isso quer dizer que lembrar uma série de tópicos bem conectados é mais fácil que lembrar um roteiro inteiro, oferece menos apreensão do que improvisar ou memorizar frases, e ainda permite interagir e engajar o público de forma mais natural. No entanto, é preciso manter a calma e a confiança. Se isso não vem com tanta facilidade para você, será útil planejar-se um pouco mais.

3) Seguir um roteiro exato

No extremo de maior planejamento, a opção é escrever com antecedência palavra por palavra a ser dita. A partir do roteiro pronto, você decide como usá-lo:

3A) Ler o roteiro

Sem dúvida, essa é a opção que apresenta menor risco e

estresse para o orador. Mas é também a com maior chance de entediar a plateia.

Isso não é uma regra. Eu mesmo, quando fui orador na formatura da minha turma de engenharia, levei meu papel para o palco. Vale dizer que isso é normal, às vezes até esperado, para discursos formais como foi o meu. Mas o que muita gente associaria com uma fala chata e impessoal foi mitigado por conta do ocasional contato visual, da entonação, das pausas estratégicas e outros recursos que me permitiram prender a atenção de quem escutava.

É possível desenvolver uma habilidade de leitura que seja cativante. Barack Obama é um excelente exemplo disso. Eu duvido que alguém escute seus discursos e ganhe consciência de que ele está lendo 99% das vezes. A firmeza da voz, as alterações no volume, a maneira como ele olha a plateia nos olhos, os gestos com as mãos... ele é o pacote completo, mas o teleprompter está quase sempre lá.

Se você vai escolher ler, tenha muita certeza de que consegue encantar as pessoas na forma não verbal. Caso contrário, espere um auditório inteiro olhando para o celular, porque não sentirão sua presença no ambiente. Se você tem pavor de falar em público, recitar um texto é o que vai trazer maior segurança, mas o preço pode ser alto.

3B) Memorizar superficialmente

Enquanto ler o roteiro é a opção mais segura, aqui, começamos a entrar em uma zona de perigo. Conforme você se esforça para fixar pedaços do roteiro, mas mantém a cola no papel, o risco se mantém mais ou menos igual. Só que se você vai deixar o papel em casa, mas não memorizou o texto por inteiro, o risco dispara.

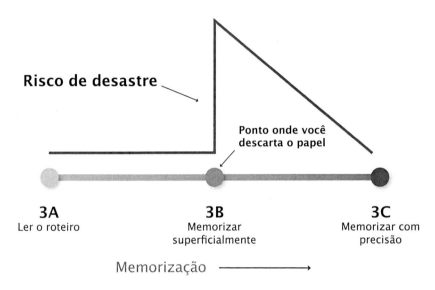

Fonte: *Adaptado de Doing a TED Talk: The Full Story* | Tim Urban | Wait but why[21]

Acontece que, mesmo se você se sente absolutamente confiante de que decorou o roteiro em casa, a adrenalina do palco traz mais desafios. O cenário muda. O cronômetro está correndo. Os olhares estão todos em você. De repente, você começa a pensar na palavra que usou errado 2 minutos atrás e se esquece do bloco de texto que está por vir.

A probabilidade do famigerado "dar branco" é mais alta. De quebra, é bem capaz de você se concentrar mais em recitar as partes que memorizou do que no conteúdo em geral e como

---

21. *Doing a TED Talk: The Full Story* | Tim Urban | Wait but why. Disponível em: https://waitbutwhy.com/2016/03/doing-a-ted-talk-the-full-story.html. Acesso em: 06 dez 2020.

ele está fazendo sentido, ou como ele ajuda você a se conectar à plateia. As frases podem sair tão robóticas quanto se você as estivesse lendo, só que elas também podem soar confusas se você pular alguma ou mudar a ordem delas por engano. O nervosismo pede para tomar conta da situação.

O método de memorização superficial deve ser evitado a todo custo. Se você se dedicou a escrever um roteiro e quer fazer sua apresentação sem papel nenhum, pule o 3B e coloque um pouco mais de tempo na conta para alcançar o 3C.

3C) Memorizar com precisão

Este método não se trata apenas de decorar palavra por palavra, mas de fazer isso a ponto de que recitar o roteiro seja tão automático e impensado quanto respirar.

O escritor Tim Urban[22] – que também concebeu a esquematização do que venho apresentando neste capítulo – dá o exemplo perfeito: se você está em um restaurante e começam a cantar "Parabéns para você" para alguém na sua mesa, você consegue cantar junto enquanto libera espaço para o bolo, tira foto do aniversariante, olha em volta para quem mais estiver por perto, pensa no presente que vai entregar mais tarde e em quatro outras coisas ao mesmo tempo. A letra da canção continua saindo da sua boca na melodia certa, sem problema algum. Afinal, ela vem do subconsciente. Não exige raciocínio ou esforço extra para ser lembrada.

---

22. *Doing a TED Talk: The Full Story* | Tim Urban | Wait but why. Disponível em: https://waitbutwhy.com/2016/03/doing-a-ted-talk-the-full-story.html. Acesso em: 06 dez 2020.

Memorizar com precisão é chegar ao nível de "Parabéns para você". E é possível alcançar o feito, se você ensaiar o bastante, dando-se algumas noites de sono para que o cérebro tenha tempo de registrar tudo.

Há duas formas de testar se você de fato chegou a esse patamar:

- Se você grava a si mesmo apresentando o discurso, e escuta tudo de novo no dobro da velocidade, consegue recitá-lo junto, sem perder o ritmo?

- Consegue articular a apresentação em voz alta enquanto executa tarefas não relacionadas e que exigem atenção, como seguir uma receita de bolo?

Decorar um texto assim permite que você drible um pouco o nervosismo. Além disso, sua mente vai ter espaço livre para interagir com a plateia e trazer personalidade para o palco, porque você não vai ter que se preocupar com "que frase vem depois?"

Claro que a preparação vai ser exaustiva. Não dá para fazer do dia para a noite. É mais provável que leve meses, inclusive. Exige que você escreva um roteiro fantástico — o que envolve pesquisa, execução, *feedback*, inúmeras idas e vindas — e mais os exercícios diários em frente ao espelho. Mas se a aposta é alta (uma abertura de evento de alta reputação, uma palestra ao vivo para mais de 1.000 pessoas, um *pitch* de 10 minutos para os investidores dos seus sonhos, um TED que ficará gravado em vídeo para sempre...), é o melhor a se fazer.

Apoio visual

Não canso de frisar: aqui, "apoio" é uma palavra tão importante quanto "visual". Se você for usar uma apresentação de *slides*, um vídeo, *flip chart*, cartazes ou outros recursos, garanta que eles deem suporte à sua fala, e não se sobreponham a ela. Por isso, o melhor é começar a elaborá-la só depois que você souber exatamente o que vai ser dito.

Algumas considerações sobre apresentações de *slides*:

- O elemento visual deve servir de apoio para a plateia, e não para quem apresenta. Jamais inclua texto cuja função primária seja lembrar você do que vai ser falado. Até porque você deve evitar a todo custo dar as costas para a plateia ou desfazer o contato visual com ela para ler *slides*. O texto existe para ajudar a plateia a sintetizar uma explicação, frisar um conceito, ou orientar-se em meio a tópicos numerosos ou complexos.

- O número de *slides* não é um problema, mas o número de objetos por *slide* sim. É melhor ter 80 *slides* simples e objetivos do que 15 abarrotados de informação. Tenha apenas uma mensagem por *slide*, que possa ser transmitida com o mínimo de elementos visuais possível.

- Limite o conteúdo: ninguém presta atenção em uma fala enquanto lê frases inteiras. Se for esse o caso, a plateia vai ter que escolher um para focar. Em vez disso, use títulos e descrições curtas. E apelando para a ciência[23]: quatro é o número máximo de itens que o ser humano consegue processar com precisão sem contar. Não é à toa que os romanos usavam V em vez de IIIII — contar cinco traços exige muito mais energia. No entanto, para processar informação, nossa memória armazena em geral até sete itens[24]. Seria recomendável manter os elementos de um *slide* nesse intervalo. Se precisar usar mais de sete palavras, tópicos, imagens etc., arranje-os de forma a não cansar o olhar de quem assiste, aproveitando a dica a seguir.

- Use recursos visuais a seu favor para guiar o olhar da plateia. Utilize destaques e tamanhos diferentes para criar uma hierarquia de informações, afinal o que é mais importante deve ocupar o maior espaço e estar realçado. Use contrastes caso queira chamar atenção para uma parte específica do *slide* — por exemplo, em uma tela preta com texto em branco, deixe a parte que você precisa que a plateia leia em branco, e o resto das palavras em cinza. Em gráficos e tabelas, o mesmo princípio é útil, como pode ser visto na figura da próxima página.

- Fundos brancos chamam mais a atenção, porém quem deve chamar mais a atenção é você. Prefira fundos escuros para não competir com a tela pelos olhares do público.

---

23. JEVONS, W. The Power of Numerical Discrimination. *Nature* 3, 281–282 (1871). Disponível em: https://doi.org/10.1038/003281a0. Acesso em: 06 dez. 2020.

24. MILLER, G. A. (1956). "The magical number seven, plus or minus two: Some limits on our capacity for processing information". *Psychological Review*. 63 (2): 81–97. Disponível em: http://psychclassics.yorku.ca/Miller/. Acesso em: 06 dez. 2020.

Snow	Sunshine	Rain	Hail
44	51,5	52,8	92,9
30,2	76,1	103,2	102
129	91,8	73,8	75,5
41,7	43,2	106,9	99,1
9,8	112	97	38

Snow	Sunshine	Rain	Hail
44	51,5	52,8	92,9
30,2	76,1	103,2	102
129	91,8	73,8	75,5
41,7	43,2	106,9	99,1
9,8	112	97	38

Fonte: *How to avoid death By PowerPoint* | David JP Phillips | TEDxStockholmSalon[25]

- Descubra o tamanho e tipo de tela onde sua apresentação será transmitida ou projetada. Pergunte com antecedência se há especificações técnicas que você deverá seguir. Garanta que todos poderão ler tudo da última fileira e que nenhuma borda do quadro será cortada.

- Treine sua apresentação com o apoio visual planejado. Tenha certeza de que tudo flui entre etapas, falas, que os ganchos estão bem feitos, que você sabe de quantos cliques precisa, onde clicar em que momento, e de que cada pecinha está no seu lugar e funcionando.

- Treine sua apresentação sem apoio visual nenhum. Afinal, você não vai querer depender dele. Se qualquer imprevisto ocorrer e seus *slides* ou vídeos não rodarem na hora, você deve ser capaz de fazer sua apresentação apenas no gogó.

---

25. *How to avoid death By PowerPoint* | David JP Phillips | TEDxStockholmSalon. Disponível em: https://www.youtube.com/watch?v=Iwpi1Lm6dFo. Acesso em: 06 dez. 2020.

Prepare-se para (quase) tudo

Em 1997, o autor Dan Roam era um dos palestrantes em um jantar patrocinado por uma grande empresa de eletrônicos. Foi em um exuberante restaurante em Moscou, na Rússia. Vários executivos importantes haviam voado do Japão para o evento.

Trinta segundos depois que começou a falar, as portas se abriram de repente. Seis homens encapuzados com balaclavas e fortemente armados entraram agressivamente. Eram da OMON, uma tropa de elite da polícia russa equivalente ao BOPE, no Brasil.

Ninguém falava nada. Quatro deles se posicionaram nas esquinas da sala, enquanto os outros dois agarraram um dos convidados à mesa e o escoltaram para fora. O evento deveria seguir normalmente.

Como Dan seria capaz de terminar a palestra depois disso? Eu não sei, mas ele conseguiu.

Você pode se preparar para qualquer tipo de situação? Não. Ninguém poderia adivinhar que Dan seria interrompido dessa forma, e pode ser que uma interrupção imprevista (espero que não desse nível) aconteça quando for sua vez no palco também.

É impossível prever 100% das possibilidades, mas podemos prever algumas — ou ao menos antecipar o que situações adversas nos fariam sentir. Por isso, há táticas para se preparar para (quase) tudo.

- **Nervosismo antes de subir ao palco**

Já descrevi alguns exercícios de respiração e dicção que podem ajudar você a acalmar os nervos e colocar sua cabeça no lugar certo para entrar em cena com foco. Mas existe ainda outra técnica, popularizada por Amy Cuddy em seu TED "A nossa linguagem corporal modela quem somos"[26] e em seu livro *O poder da presença*[27].

Amy menciona um estudo que mostra que tanto pessoas que nascem com visão quanto pessoas cegas têm a mesma reação com o corpo quando ganham uma competição esportiva. Numa corrida, por exemplo, quando cruzam a linha de chegada como vencedores, não importa se nunca viram alguém fazer isso, elas põem os braços para cima em V e levantam o queixo levemente.

Quando pensamos em linguagem corporal, frequentemente pensamos o quanto outras pessoas percebem a nossa e nos julgam por ela. Mas nos esquecemos de que nós mesmos também somos influenciados por nossa postura, posição, sentimentos e fisiologia.

Se estamos retraídos, é porque nos sentimos menores. E assim ficamos, enfraquecidos. Se nos expandimos, estamos refletindo alegria, energia. Mas e se assumirmos a postura que representa a emoção que queremos sentir?

---

26. *A nossa linguagem corporal modela quem somos* | Amy Cuddy |TEDGlobal 2012. Disponível em: https://www.ted.com/talks/amy_cuddy_your_body_language_may_shape_who_you_are?language=pt. Acesso em: 06 dez 2020.

27. CUDDY, Amy. *O poder da presença*. Rio de Janeiro: Sextante, 2016.

Há evidência de que funciona. Sorrir forçadamente, por exemplo, eventualmente nos deixará mais felizes. Você já deve ter ouvido falar em *"fake it till you make it"*, ou "finja até conseguir". Pois Amy prefere "finja até se tornar." Por isso, ela sugere uma série de posturas de orgulho e poder que nos ajudam a ganhar confiança e combater o estresse. Eu costumo praticar principalmente a postura do super-herói!

Fonte: adaptado por Real Men Real Style e pelo autor, a partir de ilustração original do livro *O poder da presença*, de Amy Cuddy.

Outra tática é praticar a presença total. Os exercícios de respiração que mencionei no capítulo 4 são bons exemplos. Além deles, temos os trava-línguas. Todos já brincamos disso alguma vez, porém eles se provam uma excelente prática de relaxamento e foco. É impossível recitá-los bem sem estarmos concentrados. Aqui vão três, para começar a aquecer:

- Num ninho de mafagafos, há sete mafagafinhos. Quando a mafagafa gafa, gafam os setes mafagafinhos.

- Trazer três pratos de trigo para três tigres tristes comerem.

- A aranha arranha a rã. A rã arranha a aranha. Nem a aranha arranha a rã. Nem a rã arranha a aranha.

Tente da próxima vez que sentir tensão antes de falar!

○ Mais dicas para lidar com os nervos

√ Fazer algum gesto de "descarga de energia" antes do início.

√ Quando você perceber que está ficando nervoso, reconheça seu nervosismo.

√ Reformular a ideia "falar em público" como um bate-papo, e não como "performance".

√ Utilizar uma linguagem de conversa.

√ Chegar mais cedo quando for falar em público, para conhecer o ambiente.

√ Fazer um momento de relaxamento (respiração, meditação, oração) antes do início da fala ou apenas se posicionar no local onde for falar.

- **Pessoas olhando para seus *laptops* e telefones**

Primeiro, preciso dizer que isso não é necessariamente algo ruim. Sim, olhares atentos sempre dão uma sensação de mais conforto, mas, se há gente mirando telas ou digitando, esse não é um sinal de que estão ignorando ou que você está fazendo um mau trabalho.

Haverá aqueles que estão apenas entediados ou que não conseguem manter a atenção em um ponto fixo. Mas também haverá quem esteja anotando o que você fala, enviando perguntas a um moderador, tuitando e postando sobre você (mais audiência!).

Não tem como saber. E também não tem muito o que fazer a respeito.

Minha dica é: foque em quem está concentrado e mantendo contato visual com você. Se sentir necessidade, peça que desliguem seus *laptops* e telefones, antes de começar sua fala, e compartilhe seus motivos por trás desse pedido, com sinceridade e humildade. A decisão, no entanto, é da plateia.

- **Interações fora de hora**

Ninguém gosta de ser interrompido. Numa situação de orador, é exponencialmente pior — uma intromissão inesperada e lá se vai o fio da meada.

Considerando que a plateia está lá para escutar você, é mais provável que ela também não vá gostar. Se a pessoa está sendo deselegante ou fazendo um comentário rude, por mais que alguns possam concordar, aposte que a maioria estará do seu lado.

Mas pode ser também que a interrupção tenha teor positivo. De repente, a pessoa tem dúvidas, ou acha que está contribuindo. Para prevenir esse caso, deixe claras as regras de quando e como a plateia pode interagir com você. Levantam a mão? Perguntam diretamente? Vão até um púlpito? Guardam para o final?

Se está sendo inconveniente e só querendo chamar a atenção, não dê a ele o poder que busca. Não transforme numa discussão ou faça piada às custas da pessoa. Esse é um jogo perigoso. Se um comentário for necessário para que a pessoa se sinta reconhecida e fique em silêncio, prefira algo como "maravilha, obrigado".

Porém, lembre-se de que você é quem está no controle e tem sua voz amplificada. Se você tiver um microfone, pode falar por cima e continuar sua apresentação normalmente. Manter a educação é sempre a melhor saída.

Em casos extremos, peça ajuda aos organizadores para que a pessoa se retire.

- **Pergunta que você não sabe responder**

Há três palavras mágicas para esse tópico: "eu não sei".

Tudo bem não saber! É claro que você pode buscar algumas informações na memória e usar as técnicas de improviso que comentei no capítulo 3, mas, para ter certeza de que está falando apenas sobre o que domina, admita não saber. Pelo menos no primeiro momento.

Em seguida, você tem algumas opções. Uma é anotar a pergunta e prometer pesquisar para responder em algum momento posterior, ou chamar quem perguntou depois para trocar informações. Outra é devolver para a plateia: "alguém aqui sabe?"

Se ninguém souber, pelo menos você não está só. E se souberem, você está ajudando quem perguntou a obter uma resposta, mesmo que não parta de você. Apenas não se deixe abalar, pois os melhores oradores, professores ou intelectuais do mundo também já ficaram sem resposta para algo.

- **Problemas técnicos**

Você está há mais ou menos 5 minutos falando e, logo quando o nervosismo começa a ser substituído pelo conforto, o microfone para de funcionar. O *laptop* não responde. O PPT não roda.

Parece um pesadelo, mas esse é um dos soluços mais fáceis de resolver. Primeiro, porque todo mundo já teve seu punhado de imprevistos com tecnologias pouco amigáveis e vai ser misericordioso. Segundo, porque é bastante simples de prever — e prevenir — um acontecimento do tipo.

Para mitigar esse tipo de problema, faça um ensaio técnico antes. Chegue com antecedência, teste cada *slide* da apresentação, vídeo, música, controle remoto e máquina que for usar.

Entenda bem para que serve cada botão, pergunte o que fazer caso ocorra algum mau funcionamento e conheça pelo menos uma ou duas pessoas da equipe técnica que você possa chamar pelo nome para acionar o socorro.

Não deu para prevenir? Enquanto é resolvido, se tiver oportunidade, interaja com a plateia. Aproveite para perguntar a eles informações que possam ser úteis a você (como a profissão, o que aprenderam até agora, dúvidas que tenham surgido, entre outras perguntas que façam sentido de acordo com o contexto). Se parecer que vai levar um tempo ou se sua apresentação for longa, dê a oportunidade de que façam uma pausa curta — e combine o horário da volta. Eles vão agradecer.

O importante é não deixar o problema técnico dominar uma parte grande da sua apresentação. O *show* tem que continuar!

Se a questão for o microfone e a sala for pequena o suficiente, vá de pulmão. Se for *laptop, slides* ou vídeos, desista deles — se você ouviu meu conselho, treinou sem o apoio visual também. Ninguém viu seu material antes, então ninguém sabe o que está perdendo.

Além disso, evite distrair as pessoas mais ainda comentando "ah, se eu tivesse meus *slides,* vocês poderiam ver isso..." ou "ainda conseguem me escutar aí atrás?". Apenas dê seu melhor a todo o momento.

○ **Quem lembra do *clicker*?**

"Vamos dar uma olhada nesse mercado e quão grande ele é. Meu *clicker* não está funcionando."

A primeira vez que Steve Jobs mostrou o iPhone para o mundo em 2007 ainda é uma das apresentações mais reverenciadas da história. E mesmo sendo um evento de uma das empresas de tecnologia mais respeitadas do planeta, o passador de *slides* parou de funcionar, depois de uma hora e quinze minutos de exposição.

Jobs dá um sorriso sem graça e volta ao púlpito enquanto o *slide* muda na tela: "Ah, aí está. Talvez esteja funcionando. Então quão grande é esse mercado? Vamos ver. Não... certo..."

Alarme falso. Ele retorna outra vez, troca o aparelho (sempre bom ter *backups*!) e tenta clicar novamente.

"O *clicker* não está funcionando", ele diz com tom de quem pede ajuda. "Eles estão se contorcendo no *backstage* nesse momento", completa, arrancando uma risada da plateia.

Mais 10 segundos de tentativa. Ele guarda o passador de *slides* na palma da mão e muda de assunto: "Sabe, quando eu estava no Ensino Médio..."

Jobs então começa a contar uma história pessoal bastante engraçada, sobre um dispositivo que ele e Steve Wozniak criaram quando adolescentes. Não tem nada a ver com o iPhone, mas é pertinente o suficiente porque envolve seu cofundador e traz algo de inusitado. Dura 40 segundos, tempo suficiente para resolverem o problema. Jobs faz poses e caretas, e a plateia dá gargalhadas. O *clicker* volta a funcionar. Jobs volta a falar do tamanho do mercado.

Continua sendo uma das apresentações mais memoráveis. Mas ninguém lembra do *clicker*.

Há inúmeros outros imprevistos que podem perturbar seu caminho.

Pode ser algum acontecimento repentino que faz você chegar com atraso, ou quem sabe um mal-entendido sobre quanto tempo você tinha para apresentar. Às vezes é um botão da camisa que se perde logo antes de você se apresentar, ou um almoço que não desce bem...

Procure manter a calma, a positividade e os canais de comunicação abertos. Para a maioria das situações, existe flexibilidade para encontrar soluções com os organizadores, desde que você seja transparente e cordial.

Outro ponto importante é não levar tudo a sério demais, nem necessariamente para o lado pessoal.

Reservou os últimos 10 minutos para perguntas, mas ninguém quis perguntar nada? Não se ofenda, é bem possível que você já tenha respondido tudo. Encerre mais cedo e vá tomar uma cerveja!

Talvez tenham dito que haveria 50 pessoas na plateia, mas, surpresa! — agora são 500. Isso só significa que há ainda mais gente interessada no que você tem a dizer. Ou talvez, ainda, a repercussão do evento tenha sido baixa e só apareceram 5. Tudo bem: você tem a chance de engajá-los ainda mais intimamente com o que eles querem escutar, trocando experiências ou gerando uma discussão.

Mas é por essas e outras que é sempre bom se preparar, pois é a melhor forma para lidar com nervosismo, ansiedade ou imprevistos.

A seguir, preparei um *checklist,* inspirado no do autor Scott Berkun[28], que você pode adaptar para construir o seu próprio.

Checklist

Muito antes do evento:

√ Pergunte:

- Quem é o público? Por que estão aqui?

- Os organizadores têm mais informações sobre a plateia?

- Qual foi a agenda do evento em edições anteriores? O que as pessoas falaram?

---

28. *How to prepare: checklist for great talks by Scott Berkun.* Disponível em: https://scottberkun.com/wp-content/uploads/2017/09/How-to-Prepare-checklist.pdf. Acesso em: 06 dez. 2020.

- Sobre o que serão as outras apresentações?

- Essa será uma apresentação com roteiro mais fixo ou mais interativa?

√ Crie uma lista das perguntas que você imagina que a plateia vá querer que você responda.

√ Priorize essa lista e esboce histórias, ideias e argumentos.

√ Separe 10x o tempo para preparação. Uma hora de apresentação = 10 horas de preparação.

√ Quando treinar, cronometre o ensaio e deixe alguns minutos extras — no dia, sempre leva um tempo a mais.

√ Faça um teste em frente a pessoas que podem lhe dar um *feedback* honesto.

√ Confirme se há especificações técnicas para o apoio visual que você vai desenvolver.

Na semana do evento:

√ Peça e confira todos os detalhes logísticos do evento um ou dois dias antes, incluindo particularidades do local, horário de chegada, trânsito, estacionamento, área de entrada, necessidade de credenciamento, quem você deve procurar, contatos de emergência etc.

√ Saiba quais equipamentos os organizadores irão prover e quais você deve levar. Se puder, independentemente da resposta, leve o seu também.

√ Carregue a bateria de tudo que vai ser usado no dia anterior.

√ Tenha seus *slides* e outros materiais em dispositivos com você, imprima os *slides* e também os suba na nuvem.

√ Mantenha uma rotina saudável de sono, nutrição, exercício físico e meditação.

<u>No dia do evento:</u>

√ Confira todo o equipamento:

- Bateria ok?

- Está levando os cabos necessários?

- Todo o material está rodando bem?

√ Evite estresse desnecessário.

√ Defina a roupa com a qual você vai apresentar.

√ Tome banho, escove os dentes, esteja apresentável.

√ Chegue cedo (no mínimo 30 minutos; se possível, mais) e avise aos organizadores que chegou.

√ Teste seu material e/ou seu equipamento — cada *slide*, transição de janela e som.

√ Faça um reconhecimento geral do palco. Saiba onde clicar, para onde olhar, por onde caminhar, como obter água ou um novo microfone, caso precise.

√ Se tiver tempo, apresente-se e converse com pessoas que estarão na plateia e/ou no palco enquanto não chega sua vez.

√ Realize exercícios de respiração, voz e concentração que descrevi nos capítulos anteriores. Esteja presente com a cabeça no jogo.

√ Relaxe. Caso sinta necessidade, dê uma volta ou arranje alguma distração antes de precisar subir ao palco.

Depois da apresentação:

√ Se alguém subir ao palco logo depois de você, retire-se rapidamente para que eles possam se preparar.

√ Esteja visível para que possam conversar com você e tirar dúvidas.

√ Agradeça aos organizadores e peça *feedbacks*.

√ Aproveite o *happy hour*!

Para lembrar:

- Não improvise se você tem a oportunidade de se preparar, não importa o quanto você domina o assunto.

- Seguir uma estrutura de tópicos é o meio termo quanto a manter a espontaneidade, ter risco parcial de falhar e não gastar tempo demais com preparação.

- Se você vai ler seu roteiro, invista muito nos recursos não verbais.

- Se você vai memorizar o roteiro, garanta que memorizou no nível "parabéns para você".

- O apoio visual existe para a plateia, não para você – use poucos elementos, destaque o principal, e cuidado para não competir com os *slides* por atenção.

- Jamais dependa do apoio visual: sempre treine suas apresentações sem ele.

- Imprevistos acontecem. Use a *checklist* para prevenir alguns deles, e mantenha a humildade, transparência e a calma para aceitar os que você não pode prever.

7. SUA JORNADA

Bom, gente, é isso!

Brincadeira — primeiro porque isso não é jeito de terminar, segundo porque esse não é o fim. Inclusive, é só o começo.

A partir daqui, você precisa aplicar o que absorveu. Afinal, repito, é a única forma de se desenvolver. Mas a verdade é que é possível que, infelizmente, você não vá colocar esses aprendizados em prática.

Porém, qualquer que seja seu medo, lembre-se de não dar ouvidos aos seus pensamentos autossabotadores, pois são eles que podem fazer você não avançar.

Na dúvida, vai com medo mesmo. Os oradores mais experientes também sentem; a diferença é que eles ultrapassam a muralha do medo.

Reforço, por isso, a importância do autoconhecimento. Não apenas para que você possa lidar com essas barreiras, como também para que você identifique seu estilo como orador. Entenda o que funciona ou não para você, do que você gosta, com o que fica confortável. A partir disso, foque no que você faz bem e que faça você se sentir bem.

Essa reflexão vai ser fundamental para que você possa falar e ouvir cada vez melhor. Lembre-se, aliás, de que um não funciona bem sem o outro, já que a escutatória também exige esforço.

Conhecimento teórico é seu equipamento, mas ele não serve muito se não for colocado em uso. Você precisa ir para a arena. E se parece que é muita coisa para absorver, você tem razão. Postura daqui, tom de voz dali, história estruturada, roteiro memorizado... mas não se preocupe! Vai entrar no sangue, como qualquer outro conhecimento que se treine.

É como dirigir um carro. Quando você é criança, não sabe nada sobre o assunto. Tanto não sabe, que nem sabe o que não sabe. Quando começa a ouvir falar sobre a mecânica da coisa, ou mesmo ao iniciar aulas teóricas na autoescola, você já sabe o que não sabe.

Chegado o momento da aula prática, você aplica: aprende a controlar a velocidade, checar os espelhos, virar o volante... mas ainda não é automático. Você ainda precisa pensar em que pedal pisar, precisa olhar para o câmbio na hora de passar marcha.

Até que não precisa mais.

Basta praticar e dirigir vezes o suficiente para que os movimentos se tornem instintivos. Segundo Noel Burch[29], esta é a competência inconsciente, a que se consegue pela perseverança.

---

29. Ver ADAMS, Linda. *Learning a new skill is easier said than done.* Gordon Training International. Disponível em: https://www.gordontraining.com/free-workplace-articles/learning-a-new-skill-is-easier-said-than-done/. Acesso em: 06 dez 2020.

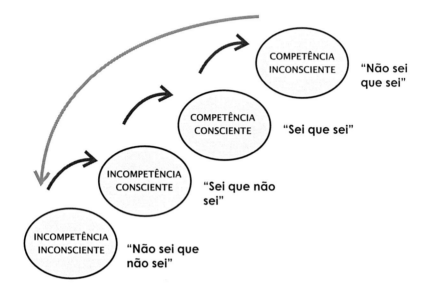

Foi por esse motivo que eu tentei fazer deste livro um guia prático, e espero que você tenha aproveitado os exercícios. São eles e a sua dedicação em continuar se arriscando em público que vão levar você ao último estágio de competência.

Deixo a seguir mais algumas recomendações para você se aprofundar:

Livros de Oratória e *Storytelling*

Faça como Steve Jobs :: Carmine Gallo

O herói de mil faces :: Joseph Campbell

O princípio da pirâmide :: Barbara Minto

Confissões de um orador em público :: Scott Berkun

Ideias que colam: por que algumas ideias pegam e outras não :: Chip Heath e Dan Heart

TED Talks: O guia oficial do TED para falar em público :: Chris Anderson

How to Avoid Death by Powerpoint :: David JP Philips

Story Brand :: Donald Miller

A jornada do escritor :: Christopher Vogler

Speaking up without freaking out :: Matt Abrahams

Como falar corretamente e sem inibições :: Reinaldo Polito

Livros de Escutatória, CNV e Empatia

O poder da presença :: Amy Cuddy

A coragem de ser imperfeito :: Brené Brown

Comunicação não violenta :: Marshall Rosenberg

Radical Candor (Empatia Assertiva) :: Kim Scott

O poder dos quietos :: Susan Cain

O poder de uma boa conversa :: Alexandre Henrique dos Santos

Livros de Persuasão e Influência

Como vencer um debate sem precisar ter razão :: Arthur Schopenhauer

Como fazer amigos e influenciar pessoas :: Dale Carnegie

Armas da persuasão :: Robert Cialdini

Influence – The Psychology of Persuasion :: Robert B. Cialdini

O manual de persuasão do FBI :: Jack Schafer

Como convencer alguém em 90 segundos :: Nicholas Boothman

What Every Body is Saying :: Joe Navarro

O corpo fala :: Pierre Weil e Roland Tompakow

Desvendando os segredos da Linguagem Corporal :: Allan e Barbara Pease

Palestras de Oratória e *Storytelling*

Will Stephen :: *Como parecer um gênio em suas apresentações*

Matthew Winkler :: *A Jornada do Herói de Joseph Campbell*

Simon Lancaster :: *Speak like a leader*

Julian Treasure :: *Como falar de modo que as pessoas queiram ouvir*

Nancy Duarte :: *A estrutura secreta das grandes palestras*

David JP Phillips :: *The magical science of storytelling*

David JP Phillips :: *How to avoid death by powerpoint*

David JP Phillips :: *The 110 techniques of communication and public speaking*

David McCandless :: *A beleza da visualização de dados*

David S. Rose :: *How to Pitch to a VC*

Joe Kowan :: *Como venci o medo de palco*

Megan Washington :: *Por que é que eu vivo com o pânico mortal de falar em público*

Palestras de Escutatória, CNV e Empatia

Amy Cuddy :: *Sua linguagem corporal molda quem você é*

Brené Brown :: *O poder da vulnerabilidade*

Carolina Nalon :: *Para início de conversa*

Celeste Headlee :: *Dez formas de termos melhores conversas*

Susan Cain :: *O poder dos introvertidos*

Daniel Goleman :: *O poder da compaixão*

Matt Abrahams :: *Think Fast, Talk Smart: Communication Techniques*

Joni Galvão :: *O menino que só tinha uma chance*

Simon Lancaster :: *Winning Minds: Secrets From the Language of Leadership*

Continue praticando com o meu curso de Oratória

Curso *Além da Oratória*, do Além da Facul

>>>

Mais referências você encontra no blogdovabo.com e no instagram @vabo23.

Se quiser me enviar os exercícios, *feedbacks* e dúvidas por *direct* ou me marcar nas redes sociais, será um prazer ajudar!

Não pare nunca de estudar e aprender: você é exclusivamente responsável pelo seu desenvolvimento.

Compartilhamos jornadas, mas você é protagonista da sua.

Desejo muito sucesso, felicidade e um bom percurso para você! Obrigado pela honra de ter chegado até aqui!

Editor: Fabio Humberg
Colaboração na redação: Gabriela Levy
Capa: Alejandro Uribe, a partir de ideia original de Mateus Nardini
Fotos da capa e da pág. 77: Felipe Foca Camarneiro
Ilustrações das págs. 49 e 51: Laura Schiavinato
Diagramação: Alejandro Uribe
Revisão: Humberto Grenes/Cristina Bragato/Rodrigo Humberg

Dados Internacionais de Catalogação na Publicação (CIP)
(Câmara Brasileira do Livro, SP, Brasil)

Vabo Junior, Luis
    Falar em público é para você! : perca seu medo,
desenvolva sua oratória e aprenda a ouvir melhor /
Luis Vabo Junior. -- 1. ed. -- São Paulo : Editora
CL-A Cultural, 2021.

    ISBN 978-65-87953-21-2

    1. Falar em público - Estudo e ensino 2. Oratória
3. Retórica I. Título.

21-68682   CDD-808.51

Índices para catálogo sistemático:

1. Falar em público : Oratória : Retórica da
    expressão oral 808.51

(Aline Graziele Benitez - Bibliotecária - CRB-1/3129)

Grafia atualizada segundo o Acordo Ortográfico da Língua Portuguesa de 1990,
que entrou em vigor no Brasil em 1º de janeiro de 2009.

Editora CL-A Cultural Ltda.
Tel.: (11) 3766-9015 | Whatsapp: (11) 96922-1083
editoracla@editoracla.com.br | www.editoracla.com.br
linkedin.com/company/editora-cl-a/

Impressão e acabamento